불안을
다스리는
도구상자

일러두기

° 이 책의 정보는 저자가 오랜 세월 실험하고 임상적으로 연구한 결과입니다. 보편적인 성격의 정보이므로 개별 사례에 대해서는 유능한 의료전문가의 판단이나 치료를 대체할 수 없습니다. 자신에게 의학적 소견이 필요하다고 판단되는 분은 가급적 빨리 전문의와 상담하기 바랍니다.

° 이 책에서 언급되는 엘리스 보이스 박사의 홈페이지는 TheAnxietyToolkit.com입니다.

불안에 발목 잡혀본 이들을 위한 사고&행동 처방전

불안을 다스리는 도구상자

The Anxiety Toolkit

엘리스 보이스 지음 · 정연우 옮김

한문화

불안에 시달리는 사람이 '바로' 활용할 수 있는 빠르고 실용적인 팁을 제공한다.

로버트 L. 레이히(미국 인지치료협회장)

불안을 관리하는 방법을 다룬 여러 책들 가운데 가장 강력하다. 게다가 이 책의 모든 전략은 과학적 증거에 근거하고 있다. 많은 독자들에게 삶의 질을 향상시키는 도구가 되어줄 것이다.

토드 카시단(조지메이슨대학교 심리학과 교수, 《행복은 호기심을 타고 온다》 저자)

이 책은 건강을 위한 좋은 투자가 될 것이다. 저자는 결정을 내리기 힘들어하거나 삶이 정체된 느낌에 고통받는 사람들을 위해, 다년간의 임상 경험과 연구 자료를 바탕으로 누구나 일상에서 활용 가능한 안내서를 만들었다.

크리스 길아보(《100달러로 세상에 뛰어들어라》, 《쓸모없는 짓의 행복》 저자)

이 혁신적인 책은 다양한 불안 유형의 근간이 되는 습관들을 밝히고, 불안을 겪는 사람들에게 명확한 전략을 제공한다. 만약 불안이 당신의 삶을 어떤 식으로든 힘들게 한다면, 치유를 시작할 때 반드시 참고하라.

크리스토퍼 거머(하버드의과대학교 임상심리 전문가)

책을 살 때 중요한 것은 내용이며, 지침이 명확하고 유용한 것이 좋다. 이 책의 저자는 심리학 개념과 전략을 누구나 쉽게 단계별로 적용할 수 있도록 풀어냈다. 또한 체계적인 접근방식과 다양한 셀프테스트를 갖췄다. 불안하거나, 자신의 삶에 불안이 어떤 영향을 미치는지를 진지하게 고민 중이라면, 이 책은 당신을 위한 것이다!

가이 윈치(심리학 박사)

불안을 이해하고 관리하는 따라 하기 쉬운 워크북이다. 저자의 목소리는 친절하지만 결코 달콤하지만은 않으며, 아주 실용적이다. 저자가 환자들에게 적용한 인지행동치료법에서 가져온 팁과 예시들은 불안증을 겪는 사람들에게 가치 있는 참고서가 될 것이며, 일반 독자라면 심리치료를 받는 주위 사람들을 대할 때 도움을 줄 것이다.

〈퍼블리셔위클리〉

심리치료를 하는 저자의 '도구상자'는 불안이 만드는 여러 증상을 퇴치할 실제적인 방법으로 가득하다. 자신도 불안을 잘 느낀다고 고백하는 저자는 불안 자체가 문제는 아니라고 한다. 그러면서 독자가 자신의 성향을 거스르지 않고 불안을 해결하도록 한다. 단지 '걱정하지 마세요' 식의 접근법이 아닌, 실용적이고 친근한 방법들이라 안심하고 적용할 수 있을 것이다.

〈북리스트〉

불안에 시달리던 아이가
정신과 의사가 되어 심리학 책을 쓰기까지

나는 불안장애를 앓진 않았지만 늘 불안해하는 성격이었다. 어린 시절에는 선생님이 내가 싫어하는 음식을 억지로 먹이거나 하기 싫은 일을 강요할까봐 캠프에 가는 것도 거부하던 어린이였다. 새 학년이 시작되는 날이면 새로운 선생님에게 적응해야 한다는 스트레스가 너무 커서 몸이 아플 정도였다.

대학원에 들어가서야 내 불안을 조금이나마 이해할 수 있었다. 이후 다양한 심리적 장애(공황장애, 강박장애, 우울증, 식이장애 등)를 치료하는 임상심리학을 배웠다. 인지행동치료를 배우면서, 내 생각과 행동의 패턴을 이해하는 데 인지행동치료가 대단히 유용하다는 사실을 깨달았다. 나아가 환자들에게 임상치료를 할 때에도 배운 기술을 그대로 사용하기보다는 내 생각의 패턴을 바꾸고 스트레스에 대한 반응을 수정하는 데 적용했던 원칙을 활용했다.

졸업 후 개인 병원을 운영하면서, 초기 불안증세로 병원을 찾아온 환자들에게 인지행동치료를 활용하면 상대적으로 문제가 빨리 해결된다는 사실을 깨달았다. 실제로 공황발작 문제로 찾아온 사람도 빠른 시일 안에 발작을 멈추곤 했다. 우울증 때문에 찾아온 사람이 더 이상 임상치료가 필요하지 않을 정도로 기분이 좋아지는 경우도 많았다. 식이장애 환자도 일주일가량 치료를 받으면 폭식과 다이어트가 반복되는 생활을 멈추었다. 하지만 이 시점에서 문제가 완전히 해결된 것은 아니었으며, 단지 주요 증상이 더 이상 나타나지 않았을 뿐이다. 그들은 여전히 불안과 스트레스에 대처하는 방법에 궁금증이 많았고, 더 많은 대처 기술을 요구했다. 하지만 대학원에서 배운 치료법은 이 단계의 환자들에게 그다지 유용하지 않았다. 그래서 나는 환자들의 진료 경험과 추가로 찾아낸 연구자료들, 내가 삶 속에서 불안에 대처하기 위해 해온 일들을 바탕으로 나만의 치료법을 개발하기 시작했다.

나는 그간 개발한 치료법을 블로그에 올려 누구나 볼 수 있게 했다. 그러자 여러 잡지에서 기사에 전문성을 기하고자 내게 연락해왔다. 사람들은 일상생활의 문제를 인지행동치료 도구로 해결하는 방법에 많은 관심을 보였다. 개중에는 불안증세로 힘들어하지만 병원에 갈 정도까지는 아닌 사람이 꽤 있었다. 불안장애를 앓는 환자들이 블로그나 잡지에서 내 글을 보고, 그 원칙에 기반을 둔 치료를 받으려고 찾아오기도 했다. 기사에 실린 인지행동치료의 일반적 원칙이 유용하기는 하지만, 각자의 상황에 딱 들어맞지는 않았기 때문이다.

그렇게 경력이 쌓이면서 나는 인지행동치료 원칙을 적용한 기술을 활용해 불안과 관련된 일상적 문제를 해결하는 전문가가 되었다. 임상심리학과 사회심리학을 모두 배운 덕분에 양쪽 지식을 통합해 활용할 수 있었다. 그 때문에 내 방법은 다른 사람들과 같지 않다. 나는 (사람들이 일반적으로 생각하고 행동하는 방법에 관한) 사회심리학 연구에서 습득한 정보와 임상심리학의 연구 결과를 적절히 혼합해 활용하고 있다.

이 책에서 제시하는 도구가 나에게는 물론이고 환자들에게도 좋은 효과를 거둔 만큼, 독자 여러분에게도 유용할 거라고 기대한다. 앞으로도 나는 이 책에서 공개할 원칙들을 계속해서 활용할 것이다. 10여 년 전부터 배우기 시작한 인지행동치료의 원칙과 도구를 날마다 활용하다 보니 좀 더 손쉽게 활용할 수 있는 지름길을 익히게 되었다. 당신도 연습을 계속하면 자기만의 지름길을 발견할 것이다.

| 차 례 |

1부

불안에 시달린다면
자신부터 알아야 한다

1장

불안은
어떻게 작동하는가?

혹시 이런 얘기를 자주 듣는가?

"행동하기 전에 생각이 너무 많다."
"좋지 않은 결과만 생각하는 경향이 있다."
"최악의 상황을 가정하고 지레 걱정한다."
"부정적인 피드백에 너무 민감하다."
"자기 비판적이다."
"탁월한 성과를 내지 못하면 실패라고 생각한다."

그렇다면 필시 당신은 상당한 수준의 불안증세로 고통받는 사람일 것이다. 하지만 그런 사람은 당신 혼자만이 아니다. 불안은 근심 걱정과 초조한 감정이 특징인 정서적 상태다. 미국 불안장애 및 우울증 협회의 통계에 따르면 18세 이상 미국인 중 4천만 명이 불안장애를 겪고 있으며, 그보다 덜한 '일상적인 불안'에 시달리는 사람은 셀 수 없이 많다.[1]

연구에 따르면, 모든 불안증세는 표면적으로 드러나는 형태나 정도의 차이는 있어도 내부적으로는 유사한 심리적 메커니즘에 의해 발생한다. 불안장애를 겪는 사람이든, 나처럼 불안한 성격을 타고난 사람이든, 크고 작은 불안증세로 고통받는 사람이라면 누구나 이 책에서 유용한 정보를 얻을 것이다.

::   당신의 불안과 걱정, 두려움의 정체가 무엇인가?

불안은 다양한 증상으로 표출된다. 가령, 행동이나 감정으로 드러나기도 하고 신체나 인지(생각을 뜻한다)로 드러나기도 한다. 다음 표는 불안요소별 증상을 몇 가지 제시한다. 불안증상은 사람마다 다르지만 모두 이 범주 안에서 나타난다.

불안요소	증상
행동요소	• 불안감을 일으키는 중요한 과제를 미루는 행동(또는 욕구) • 행동으로 옮기기보다는 계속 정보만 탐색하는 행동(또는 욕구) • 누가 옆에서 등 떠밀어주기만을 기다리는 행동(또는 욕구)
감정요소	• 초조하거나 불안하거나 걱정하는 마음
신체요소	• 심박 수 증가나 속이 메스꺼움
인지요소	• 실패에 대한 두려움 • 타인의 시선을 의식하고 우려하는 상황을 마음속으로 되새김

불안은 단점으로 인식될 때도 있지만, 실은 우리를 과각성(위험을 감지하는 감각이 극도로 발달된 상태-옮긴이) 상태로 만들어 하던 일을 멈추고 주위를 살피게 하는 진화의 이로운 산물이다. 불안한 느낌은 잠재적 위협을 탐색하라는 신호로 작동한다. 사람은 일단

불안을 다스리는 도구상자

잠재적 위험을 감지하면 그 위협에 대한 생각을 쉽게 떨쳐내지 못한다. 사실 동굴 속에서 가족을 지켜야 하는 석기시대 가장에게는 이런 불안감이 꽤 유용하지만, 요즘 시대 직장인이 해고될까봐 불안에 떠는 상황은 썩 좋지만은 않다.

불안에 시달리는 사람은 대체로 과도한 주의를 기울일 만한 특별한 이유가 없는데도 불안 경보가 너무 자주 울린다. 어째서 이런 일이 벌어지는 것일까? 남들보다 더 민감한 불안 감지 시스템을 가졌기 때문일까? 아니면 장기적으로 불안을 늘리는 결과를 초래하더라도 일단은 눈앞의 불안감을 해소하기 위해 피하고 보는 것일까?

허위로 울리는 불안 경보 때문에 존재하지도 않는 위협을 살피거나 일어나지도 않은 문제를 걱정하는 것은 시스템의 결함이 아니다. 동굴 속 원시인의 입장에서 생각해보자. 생사의 갈림길에서는, 일어날지도 모르는 위험에 대비하는 것(긍정적 판단의 실패)보다는 진짜 위협을 놓치는 것(부정적 판단의 실패)이 훨씬 치명적인 문제가 된다. 그러므로 허위로 울리는 불안 경보로 인한 과도한 주의경계는 시스템의 일부다.

익숙한 영역에서 벗어나면 사람은 누구나 불안을 느낀다. 하지만 익숙한 영역 밖으로 발을 내딛지 않으면 인생에서 무언가를 놓치게 될 수도 있다. 불안한 성격을 타고난 나는 중요한 결정을 내릴 때마다 신체적 고통을 동반한 불안증상을 겪었다. 하지만 일시적으로 불안이 높아졌다고 해서 그 결정을 거두었더라면 내 인생은 지금보다 훨씬 더 공허했을 것이다.

불안을 완전히 없애기는 가능하지도 않거니와 유용하지도 않다. 불안 자체는 문제가 아니다. 진짜 문제는 불안으로 무력해진 나머지 정체 상태에 빠져 헤어 나오지 못하는 것이다. 나는 이를 '불안의 덫'에 걸린 상태로 본다. 지금부터 불안의 덫에 대처하는 법을 논하고자 한다. 불안의 덫은 5가지로, 망설임, 되새김, 완벽주의, 비판에 대한 두려움, 회피(미루기 포함)이다.

이 5가지는 실제 불안증세로 나를 찾아온 환자들이 대부분 겪는 공통된 문제점이다. 불안의 덫은 자체적으로 또 다른 스트레스를 유발하며 끊임없이 나타난다. 망설이다 중요한 기회를 놓친 사람이 그로 인해 경제적 어려움을 겪는 상황을 예로 들 수 있다. 혹은 피드백을 회피하다가 사전에 충분히 예방할 수 있는 문제를 알아채지 못할 수도 있다. 5가지 덫 중 하나라도 걸린 사람은 흔히 큰 그림을 보지 못해 문제를 효과적으로 해결하지 못한다. 불안을 다스릴 도구 모음을 갖추면, 이 같은 정체 상황에서 빠져나와 당신이 추구하는 목표(그 목표가 무엇일지라도)에 도달하는 방법을 배우게 된다.

어떻게 하면 불안으로 인한 정체 상황에서 성공적으로 빠져나오는 방법을 익힐 수 있을까? 이 책에서는 인지행동치료를 바탕으로 한 방법을 소개한다. 인지행동치료는 불안장애를 치료하는

불안을 다스리는 도구상자

데 가장 효과적이라고 알려진 치료법으로서, 수십 년 동안 축적된 연구 데이터가 있다.[2] '인지행동'이라는 용어는 행동적 측면과 인지적 측면 양쪽 모두를 동시에 집중적으로 다룬다는 뜻이며, 그것이 문제를 해결하는 최선의 길임을 강조한다. 본래는 이러한 원칙에 바탕을 둔 여러 치료법을 통칭하는 용어이므로, 엄밀히 말하면 인지행동치료'들'이라고 복수형으로 말해야 한다. 하지만 대부분은 '인지행동치료'라고 칭한다. 나는 필요에 따라 두 용어를 혼용할 것이다.

불안의 덫에서 빠져나오려면 3가지 사항을 명심해야 한다.

첫째, 불안을 일으키고 지속시키는 생각과 행동 패턴을 자각해야 한다. 이 책에서는 연구자료를 바탕으로 이러한 생각과 행동 패턴을 스스로 인지하는 방법을 알려줄 것이다.

둘째, 불안의 덫에 걸렸음을 알아챘을 때 사용할 도구와 활용 전략을 익혀야 한다. 그 도구를 당신 손에 쥐여주고 활용 전략을 가르치는 일이 바로 이 책에서 앞으로 다룰 내용이다. 이를 이용해 당신이 좀 더 편안한 마음으로 목표에 매진할 수 있기를 바란다.

마지막으로, 당신 자신을 믿어야 한다. '내게 있는 지식과 기술을 활용해 불안문제를 해결할 능력이 있다'는 자신감을 가져야 한다. 아직 이러한 자신감이 없는 사람에게는 3장이 특히 도움이 될 것이다.

:: 이 책은 위로보다 실용적인 방법을 전한다

혹시라도 가식적인 웃음으로 달콤하고 긍정적인 말만 늘어놓는 그런 책이 아닐까 걱정하는 독자가 있을지도 모르겠다. 하지만 절대로 그렇지 않다. 나는 "걱정 마, 잘될 거야" 같은 고리타분한 소리를 들으면 마치 모든 일이 잘못될 것 같은 느낌에 몸서리치는 사람이다. 불안한 성격을 타고난 사람은 "걱정하지 마", "스트레스 받지 마", "너무 신경 쓰지 마" 같은 말을 이골이 나도록 듣는다. 흥분을 가라앉히고 진정하라는 소리를 계속 듣다 보면, 자신의 타고난 성격에 근본적 결함이 있다고 생각하기에 이른다. '방어적 비관주의'[3]도 낙관주의 못지않게 유용하다는 사실이 연구에 의해 밝혀졌지만, "걱정 마, 잘될 거야" 같은 메시지는 이를 무시한다.

불안에서 성공적으로 벗어나려면 자신의 타고난 성격에 맞서 싸우기보다는 그 성격을 받아들이고 좋아하고 다스리는 법을 배워야 한다. 나는 불안한 성격을 타고났지만, 개인적으로 그런 내 성격을 좋아한다. 그리고 아직 나처럼 되지 못한 사람도 자신의 타고난 모습을 이해하고 좋아하게 되기를 바란다. 불안에 발목 잡힌 상황에서 한 번이라도 벗어나 보면 다음에는 더 쉽게 빠져나올 수 있다. 이 책에서 도움이 될 만한 내용을 딱히 찾지 못하더라도 하나만 명심하면 된다. 불안해하는 성격을 타고난 것이 결코 문제가 되지 않는다는 사실이다. 어떤 일을 심사숙고하고 잘못될 가능성을 상정하는 사람으로 사는 것도 나쁘지 않다. 거침없이 행동하지 못하거나 낙천적인 성격을 타고나지 않았다고 해서 문제 될 이유는 전혀 없다. 다음 사항을 염두에 두기만 한다면 부정적 결과의 가능성을 우려해도 괜찮다.

- 긍정적 결과의 가능성도 생각한다.
- 부정적 결과의 가능성이 있다고 그 일을 꼭 그만둘 필요는 없음을 인정한다.
- 뜻대로 되지 않는 일을 받아들일 자신의 타고난 역량을 파악하고 있다.

이어지는 장에서는 갑작스레 불안감이 높아질 때 그 불안한 기분을 전환하는 팁과 묘수를 살펴볼 것이다. 쓸데없이 생각이 많아지고 조사와 검토만 계속하게 될 때, 혹은 무엇인가 잘못될지도 모를 가능성 때문에 중요한 일을 망설일 때는 이런 소소한 전환 기술을 이용해 대처할 수 있다. 타고난 성격을 근본적으로 바꿀 필요는 없다. 다만 자신의 사고방식을 이해하고 생각과 행동을 전환하는 게 좋을 때는 실제로 전환하도록 도와줄 기술을 익히면 된다.

이 책의 남다른 장점이 하나 더 있다. 불안증세 때문에 나를 찾아온 사람들은 내가 들려주는 조언의 이면에 어떤 원칙이 있는지를 궁금해했고, 각자의 개성과 생활방식과 목표에 맞춘 특화된 전략을 원했다. 이 책은 독자가 맞춤 전략을 수립하는 데 필요한 도구를 제공할 것이다. 내 역할은 당신에게 불안 상태에서 빠져나올 수 있는 길을 안내하고 격려하는 것까지고, 그 길을 걷는 것은 어디까지나 당신이 해야 할 일이다.

::   이 책에서 다루는 내용들에 관하여

이 책은 3부로 이루어져 있다. 1부는 불안 메커니즘을 이해하고 자신의 타고난 성격을 받아들이기 위한 기초공사다. 2부에서는 불안의 덫에 걸린 정체 상태를 상황별로 다룬다. 각각의 상황을 타개할 적절한 도구와 사용 가능한 전략을 제공할 것이다. 3부에서는 책에서 배운 내용을 실제 삶에 적용하는 법과, 앞으로 자주 겪게 될 난관을 예방하는 방법을 배울 것이다. 또한 불안을 극복하는 데서 멈추지 않고 계속되는 자기계발로 이어지는 길을 제안할 것이다.

이러한 목적의 연장선상에서, 거의 모든 장은 간단한 검사용 질문으로 시작하고 있다. 당신은 이를 이용해 어떤 장이 자신과 얼마나 관련 있는지 가늠하고 그 장에서 습득할 목표에 관해 감

을 잡을 수 있다. 모든 질문에는 A, B, C(때로는 D까지)로 대답해야 한다. 각 장의 내용은 당신이 이 질문에 A라고 답할 수 있도록 도와줄 것이다.

2부의 모든 장에서는 불안의 덫에서 빠져나오는 데 필요한 생각의 전환 전략들을 먼저 소개한 뒤 행동의 전환 전략을 추천한다. 특히 생각의 전환을 좀 더 쉽게 이루도록 각 전략마다 '생각전환'을 하나씩 소개하고 있다. 읽으면서 이러한 실험을 수행하기 위해 메모지가 필요할 수도 있다.

::   제시한 방법들을 부담 갖지 말고 천천히 실천하라

당신은 이 책에서 소개하는 내용을 적용해보고 수정하는 등 상호작용을 거쳐 스스로에게 맞도록 최적화해야 한다. 이 책을 읽는 목표는 당신이 선호하는 동시에 당신에게 최적화된, 당신만의 불안을 다스리는 도구상자와 활용 전략을 갖추는 것임을 잊지 말기 바란다.

아울러 유념해야 할 사항이 몇 가지 있다.

이 책은 언제든 필요한 내용을 찾아보는 참고자료로 기획되었다. 따라서 필요에 따라 관련된 부분만 찾아볼 수 있다. 가령, 어떤 문제가 생겼을 때, 혹은 (새로운 요리 레시피를 시험해보고 싶을 때

처럼) 새로운 방법을 시도하고 싶을 때 원하는 내용을 다시 찾아볼 수 있다. 삶에 적용하고 싶은 깨달음을 하나라도 얻은 뒤에는, 정보 습득에 과부하가 걸리는 느낌이 들면 바로 책을 덮어도 좋다. 나머지는 언제든 기분이 내킬 때 다시 찾아 읽으면 된다.

어쩌면 불안에 관한 글을 읽는 것만으로 불안증세가 나타날 수 있다. 하지만 이런 현상은 일시적이다. 오늘 책을 읽다가 불안증세가 나타났다고 해서 내일도 반드시 그렇지는 않다. 솔직히 말하면, 나 역시 불안에 관한 글을 쓰거나 말하다 보면 불안함을 느낄 때가 있다. 이는 극히 자연스러운 과정이며, 순조롭게 극복해나갈 수 있다. 이 책을 읽다가 불안증세가 느껴진다면 일단은 계속 읽으면서 불안이 자연스럽게 가라앉는지 살펴보라. 안 된다면 하루 이틀 정도 책을 덮어두도록 하라.

혹은 책을 읽기만 좋아하고 실행으로 옮기기는 꺼려할 수도 있다. 이 책에서 제시한 실험이 당신에게 통할지 확신할 수 없어서, 혹은 효과가 있더라도 완벽하지 않을 것 같아서 행동으로 옮기기를 주저할 수 있다. 하지만 시도해보기 전에는 이러한 고민이 결코 사라지지 않는다는 사실을 깨달아야 한다. 고민만 하다가 세월을 다 보낼 수도 있다. 그런 당신에게 도움이 될 만한 이야기를 하자면, 한 번이라도 불확실한 생각을 행동으로 옮겨보면 다음에는 조금 더 쉽게 시도할 수 있다. 할 수 있을 것 같다는 생각이 조금밖에 들지 않더라도, 그 작은 부분에 주목해야 한다.

불안을 다스리는 도구상자

불안문제가 있는 사람은 대부분 하나 이상의 증상을 안고 있다. 예를 들면, 지나친 근심과 사회불안장애를 함께 겪는 식이다. 이러한 사람에게는 이 책에서 제시하는 초진단적 접근법(하나의 장애에 국한되지 않는 접근법이다)이 특히 유용할 것이다.

마지막으로, 간혹 보편적으로 훌륭한 조언이 당신에게는 맞지 않을 수 있음을 유념해야 한다. 타고난 성격을 좋아하고 받아들이도록 배우다 보면, 당신에게 맞지 않는 조언을 거부할 자신감이 생길 것이다. 예를 들어보겠다. 오래전 내 책을 쓰기로 마음먹은 이후부터 나는 저자들을 만나러 도서 관련 행사에 다니기 시작했다. 그런 자리에서는 예외 없이 책을 쓰는 과정에 관한 질문이 나온다. 대다수 저자는 아이들이 일어나기 전이나 출근하기 전에 방해받지 않고 글을 쓰려고 새벽에 일어난다고 대답한다. 하지만 최근에 참석한 행사에서 한 저자는 일과 시간 중 아무 때나 아이디어가 떠오르면 잠시 짬을 내어 (때로는 근무 중에도) 글을 쓴다고 했다. 일순 회견장에 침묵이 돌았다. 함께 자리한 다른 작가들이 현명한 글쓰기 습관이라고 인정한 방법과 달랐기 때문이다. 하지만 그 작가는 자기 성격을 제대로 파악하고 자기에게 맞지 않는 조언을 거부할 줄 아는 사람이었다.

이 책에서 제시하는 내용 중에 그다지 실행하고 싶지 않은 것이 있다면 넘어가도 좋다. 시도해보고 싶은 내용을 찾아 그것부터 시작하면 된다. 불안증세의 정도와 개인적 선호도를 바탕으로 당신에게 효과가 있는 방법이 무엇인지 찾아보라. 책에서 제안한 방법을 시도하다 도중에 흐지부지되거나 효과를 보지 못했어도 걱정하지 말고 그만두어도 좋다. 이 또한 타고난 성격을 받아들이는 과정의 일부다. 다만 포기하지 말고 계속해서 방법을 찾아나가면 된다.

2장

당신은 어떤 기질과
성격을 타고났는가?

이 장에서는 불안의 메커니즘을 설명하는 데 필요한 핵심 인성과 관련 개념을 소개한다. 당신이 타고난 본성에 어떤 다양한 측면이 있는지 알고 나면 불안에 관해서도 더 잘 이해하게 된다.

○--○

다음 질문에 대답하면서 이 장이 당신과 얼마나 관련되는지 확인해보라. 당신에게 가장 맞는 항목을 고르되, 없으면 가장 비슷한 항목을 고르도록 하라.

1. 당신은 타고난 근본적 성격을 얼마나 잘 파악하고 있는가?

Ⓐ 나는 내가 무엇에 의욕을 느끼는지, 또 무엇 때문에 정서적으로 안정되거나 불안한지 잘 알고 있다.

Ⓑ 내가 이해하지 못하는 측면이 약간 있다.

Ⓒ 내가 이해하지 못하는 측면이 많다.

2. 당신은 본능끼리 충돌하는 경험을 해본 적이 있는가? 가령, 새로운 기회를 찾고 싶은 욕구를 혹시 잘못되면 어쩌나 하는 걱정이 가로막는 상황이다.

Ⓐ 나는 성공에 대한 기대와 실패의 두려움 사이에서 균형을 유지할 수 있다.

Ⓑ 가끔 그럴 때가 있다.

Ⓒ 그렇다. 그 때문에 아무것도 못할 때가 많다.

3. 당신이 무엇에 과민반응을 보이는지 잘 알고 있는가? 가령, 잦은 사회적 접촉이나 계획의 급작스러운 변경에 민감하게 반응한다든지.

Ⓐ 내 신경을 거슬리는 것이 무엇인지 알고 있다. 그래서 그런 상황이 발생하지 않도록 노력하며, 지나치게 예민해질 때에는 효과적으로 추스를 줄 안다.

Ⓑ 내가 무엇에 민감하게 반응하는지 더 알고 싶다.

Ⓒ 이런 문제를 생각해본 적이 없다.

4. 당신은 성실함과 완벽주의를 구별할 수 있는가?

Ⓐ 그렇다. 지나치게 완벽을 기하려다 오히려 부족한 결과를 초래할 수 있다는 점을 잘 안다.

Ⓑ 이론적으로는 알지만 실제로는 그 둘을 자주 혼동한다.

Ⓒ 그 둘은 별반 차이가 없다고 생각한다.

5. 당신은 주의와 경계를 기울일 때, 도움이 되는 경우와 방해가 되는 경우를 쉽게 판단할 수 있는가?

Ⓐ 나는 주의와 경계를 기울여 도움이 될 때와 그렇지 않을 때를 구분할 줄 알고, 그에 따라 행동을 조절할 수 있다.

Ⓑ 때로는 과도하게 주의경계한다는 사실을 알아차리지만, 그에 맞춰 행동을 조절하지 못하는 것 같다.

ⓒ 과도하게 주의하거나 경계한다는 사실을 거의 인식하지
못한다. 설사 인식해도 한참이 지난 후에야 알아차린다.

**6. 당신은 타고난 본성에 기인한 성격을 얼마나 잘 제어할 수 있
는가? 가령, 굉장히 집요한 성격이지만 어떤 문제와 계속 씨름하
기보다는 잠시 머리를 식히는 편이 좋다는 생각이 들면 그렇게
할 수 있는가?**
Ⓐ 대체로 그렇게 할 수 있다.
Ⓑ 그때그때 다르다.
ⓒ 할 수 없다.

앞의 질문에 어느 항목을 가장 많이 선택했는가? 다음은 주
로 선택한 항목에 대한 설명이다.

주로 A를 선택했다면?
당신은 자신을 제대로 파악하고 있다. 또한 타고난 기질이
아무리 강하더라도 적절히 제어해 유용하게 활용할 줄 알며
문제를 일으키지도 않는다. 이 장에서 제시한 정보가 그다
지 필요하지는 않겠지만 그래도 한두 가지 유용한 아이디어
를 얻을 수 있다.

주로 B를 선택했다면?

당신은 어느 정도 자신을 파악하고 있지만, 간혹 자신의 기질을 제어하지 못하고 좋지 않은 선택을 할 때가 있다. 이 장은 당신을 불안에 빠뜨리는 요인을 훨씬 더 구체적으로 파악하도록 도와줄 것이다.

주로 C를 선택했다면?

당신은 자신이 다른 사람들과 다르다는 점은 알고 있지만, 이를 혼란스러워하거나 부끄러워할 것이다. 이 장은 당신이 타고난 성격을 제대로 파악하고 지나치게 불안해하지 않도록 도와줄 것이다. 아울러 비효율적인 주의와 경계에 사로잡히는 순간을 인식하도록 도와줄 것이다.

당신의 불안을 다스리기 위해 일반적 사례를 참고할 필요는 없다. 하지만 당신이 지닌 다양한 측면은 제대로 알아야 한다. 당신의 불안한 성향 이면에 있는 타고난 본성을 파악해야 한다는 뜻이다. 예를 들면, 똑같이 불안한 성격이라도 원만한 사람과 까다로운 사람은 같지 않을 것이다. 대단히 원만한 사람은 언짢은 일이 생겨도 웬만하면 넘어가게 마련이다. 하지만 까다로운 사람은 타인의 의견에 꼬투리를 잡거나 계획의 오류만을 보는 식으로 대응하며, 흥미로운 결과로 이어질지도 모르는 상황에서 빠져나올 궁리만 한다.

불안뿐만 아니라 개인의 사고방식과 행동의 동기는 본래 타고난 기질과 성격에 따라 모두 다르게 마련이다. 이 장을 읽고 타고난 성격과 불안의 연관성을 이해하면, 당신이 왜 그렇게 생각하고 행동하는지 알 수 있게 된다. 여기서는 주로 불안 유발과 관련된 중요한 원리를 간략하게 정리했다. 관련 요소를 모두 다루지는 않았지만, 불안한 성격을 타고난 사람은 대부분 이런 성격과 기질을 지니고 있다. 이러한 개념을 이해한다면 자신을 더 폭넓게 이해하고, 자신에게 가장 알맞은 행동방식을 찾아내고, 자신을 좀 더 긍정적으로 받아들일 수 있다. 이 장에서 다루는 모든 내용이 당신에게 맞지는 않을 것이다. 하지만 그렇다 해도 타인을 이해하는 데는 유용하게 쓰일 것이다.

::   성격이 내향적이거나 외향적이라면

흔히 불안한 사람은 내향적이라고 생각하기 쉽다. 사실 통계적으로도 불안장애를 겪는 사람은 내향적인 경우가 더 많다.[4] 하지만 극심한 불안장애로 나를 찾아온 환자 중에는 외향적인 사람도 꽤 있었다.

예를 들면, 사회불안 같은 경우에는 오히려 내향적인 사람이

대처하기가 더 용이하다. 내향적인 사람은 사회불안을 겪더라도 불안을 느끼지 않는 소수의 사람과 밀접한 관계를 형성할 수 있으면 그것만으로 충분할 때가 많다. 하지만 외향적인 사람이 사회불안을 느끼면 소수의 절친한 친구와 사랑하는 사람만으로는 만족하지 못하고 그 이상을 갈망한다.

만약 당신이 외향적 성격이지만 불안을 겪고 있다면, 자신의 외향성을 인정하고 (드물긴 하지만) 외향적인 사람도 얼마든지 불안에 빠질 수 있음을 인지해야 한다. 이 책은 당신이 불안을 느끼는 이유를 심리학적으로 설명하고, 당신이 외향적 본능에 충실하지 못하고 원하는 만큼 사회적 상호작용을 못하는 상황에서 빠져나오도록 도와줄 것이다. 당신을 주저하게 하는 심리적 장애물이 무엇인지 파악하고 나면 인지행동치료 수단을 이용해 극복할 수 있다.

::   매우 민감하다면

내향성이나 불안과 관련이 있다고 알려진 요소들 중에는 심리학에서 '매우 민감함'으로 규정한 개념에 더 가까운 것들이 있다.[5] '매우 민감한 사람'은 다음과 같은 기질이 주로 나타난다.

- 어떤 일에 깊이 파고든다.
- 할 일이 너무 많으면 어쩔 줄 몰라 한다.
- 쉽게 상처받는다.
- 다른 사람의 기분에 민감하다.
- 잘 모르는 사람이라도 좋지 않은 소식을 들으면 심란해한다.
- 관심 없는 주제의 대화는 금세 지루해하는 등 본심을 잘 숨기지 못한다.
- 주변 소음이나 까칠한 의류 등 특정한 유형의 자극을 대수롭지 않게 넘기지 못한다.

이러한 성향을 많이 보인다고 해서 불안증세라고 단정할 수는 없다. 다만 이런 사람은 과도한 자극을 걸러낼 수 없는 한계 상황에 처했을 때 불안증세를 보이기 쉽다.

내 환자의 예를 들겠다. 그녀의 증상은 우울과 불안에 가까워 보였다. 그녀는 본래 특별한 문제 없이 지내고 있었으나, 당시에는 하루 종일 짜증을 내거나 울먹이면서 일에 집중할 수 없었다. 함께 문제의 원인을 찾아본 결과, 회사에서 그녀의 책상을 주변이 트인 곳으로 옮겼기 때문으로 밝혀졌다. 그녀는 일터의 환경 변화가 초래한 과도한 자극을 견딜 수 없었던 것이다. 이는 불안한 감정을 다스리는 데 타고난 성격에 대한 이해가 필요한 이유를 잘 보여주는 사례다. 만약 당신이 스스로 생각하기에 매우 민

불안을 다스리는 도구상자

감한 사람이라면, 일레인 N. 아론 박사의《타인보다 더 민감한 사람》을 함께 읽어보도록 하라.[6] 여느 책과 마찬가지로 당신에게 유용한 부분만 취하면 된다.

::   안정 지향적이거나 성취 지향적이라면

불안은 '안전 지향'과 관련 있을 때가 많다.[7] 불안이 만약의 사태를 예방하는 목적에 초점을 맞추고 있기 때문이다. 이와는 달리 '성취 지향'은 새로운 기회를 추구하고 성과를 달성하는 데 초점을 맞추고 있다. 사람들은 대부분 이 중 하나의 성향에 치우치지만, 간혹 둘 다 지향하는 사람도 있다. 실수와 위험을 회피하는 동시에 목적 달성에도 무척 애를 쓰는 사람이다. 이들에겐 앞으로 나가려는 성향과 뒤로 물러나려는 성향이 항상 공존한다.

때로 불안한 성격이 안정 지향적이라고 해서, 신중하고 보수적인 태도가 필요하거나 현상 유지가 최우선인 일에 적합하다고 생각하는 사람이 많다. 하지만 여러 환자를 상대하면서 얻은 경험상, 불안감이 높은 사람이 그런 종류의 일을 맡으면 좋지 않은 상황을 초래하기도 한다. 예를 들면, 의사는 굉장히 빈틈없고 신중한 태도가 권장되는 직업이다. 그래서 의사는 아주 신중하고 조심하지 않으면 끔찍한 일이 벌어질 수도 있다는 점을 끊임없이

되새긴다(물론 마땅히 그래야 한다). 그런데 그러잖아도 걱정을 달고 사는 사람에게 줄곧 이 원칙을 강조하면, 불안한 성향이 더 강화되어 불필요한 검사만 늘어날 수 있다.

그래픽 디자인처럼 세심한 부분까지 놓치지 않는 고도의 집중력이 필요한 직종에서도 이러한 사례를 본 적이 있다. '작은 일에도 수고를 마다하지 않는 태도'가 장려되는 직종에 종사하는 경우, 그러한 태도가 개인의 일상생활까지 파고들 소지가 있다. 하지만 당신이 이런 상황에 놓여 있다고 해서 직종을 바꿀 필요는 없다. 다만 일을 하는 데 필요한 원칙이 모든 상황에 적용되는 건 아니라는 점을 잘 이해하면 된다.

::   새로운 것을 늘 추구하는 편이라면

불안한 성향을 지니긴 했으나 단지 정해진 대로 따르기만 하는 일에는 싫증을 느끼는 사람도 있다. 그런 사람은 소위 '감각 추구 성향'일 확률이 높다. 감각 추구 성향이 강한 사람은 새로움을 추구하고 위험요소를 즐긴다. 감각 추구형인 동시에 민감한 사람은, 자신을 흥분시키는 새로움을 추구하면서도 변화에 따른 스트레스에 무너지지 않기 위해 아슬아슬한 줄타기를 하는 심정으로 노력하며 산다.

지금까지 언급한 용어들이 혼란스럽게 느껴질 수도 있다. 이는 중첩된 (하지만 다른) 개념을 설명하는 용어가 심리학 분야마다 다르기 때문이다. 미묘한 차이에 크게 고민할 필요는 없다. 기억할 내용은, 야망이 넘치고 경쟁심이 강하며 생각이 크고 새로움을 추구하는 성향인 사람은 불안을 느끼면 과민반응을 보이거나 본능적으로 급브레이크를 밟을 때가 많다는 것이다. 이렇듯 경쟁적 성향을 띠는 사람에게는 이 책이 많은 도움이 될 것이다. 다소 복합적인 성격을 지닌 사람에게는 그런 성향을 파악할 매뉴얼이 있으면 도움이 된다.

::   변화를 잘 받아들이지 못한다면

변화나 변화에 대한 생각을 받아들이고 소화시키는 데 필요한 감정적 에너지는 사람마다 다르게 마련이다. 가령, 어떤 계획이 마지막 단계에서 바뀌거나, 함께 일하던 동료가 바뀌면 몹시 심란해하는 사람이 있다. 변화에 대처하는 데 시간과 심리적 여유가 필요하다고 해서 무조건 불안증세라고 할 수는 없다. 다만 변화를 받아들이는 데 필요한 시간을 허락받지 못하거나, 변화에 대처할 감정적 에너지가 하나도 없는 상황에서는 불안증세가 나타날 수 있다.

변화를 받아들이는 데 더 많은 에너지를 소모하는 사람은 완고하고 적응력이 떨어질까? 그렇지 않다. 자신의 성향을 잘 파악하고 그에 맞는 적절한 대처 도구를 갖추면 충분히 변화에 잘 적응할 수 있다. 취미생활을 즐기거나 규칙적인 일과가 있거나 아늑하고 친밀한 감정을 변함없이 느끼게 해줄 대인관계가 있는 사람은 대체로 별 탈 없이 생활할 수 있다. 가령, 아침마다 같은 음식을 먹는다거나 오래도록 사귀는 편안한 친구가 있다거나 주말마다 즐겨하는 취미가 있는 정도로도 충분하다. 삶에서 편안함과 안정감을 주는 영역을 확보한 사람은 다른 영역의 변화를 수용하기가 더 수월하다.

흥미롭게도, 변화를 반기는 (다시 말해 감각 추구형인) 사람이라도 변화를 수용할 때 무척 힘들어할 수 있다. 인간의 본성은 그만큼 복잡하다!

:: 원만하면서 불안하거나, 까다로우면서 불안하다면

원만한 사람과 까다로운 사람의 차이는 앞에서도 언급했다. 일반적으로 원만함 또는 까다로움은 성격의 기본적 특성 중 하나로 여겨졌다.[8] 다른 사람들과 마찬가지로, 불안한 사람 중에는 원만한 사람도 있고 까다로운 사람도 있다. 당신이 그중 어디에 해당

불안을 다스리는 도구상자

하는지 알면 유용하다. 원만한 사람은 대개 남들과 어울리는 것을 중요하게 생각한다. 다른 사람의 의견이나 계획에 결점이 보이더라도 굳이 짚고 넘어가지 않는다. 하지만 까다로운 성격을 타고난 사람은 남들과 어울리는 것을 중요하게 여기지 않아서 관계를 맺으려고 애쓰지 않는다.[9]

당신이 어떤 성향인지 파악하고 나면, 이런 점을 명심하여 대답을 적절히 수정할 수 있다. 예를 들어, 까다로우면서 불안한 사람은 '싫어요'라는 대답을 필요 이상으로 할 때가 있다. 어쨌든 성격상 잘못될 가능성에 지나치게 신경 쓰기 때문이다. 내 어머니는 나와 양아버지를 두고 "'좋아요'라고 대답할 일도 일단 '싫어요'로 시작하는 사람들"이라고 하셨다. 어머니는 성격이 아주 원만해서 매사에 반사적으로 '좋아요'라고 대답하며, 그 대답이 '싫어요'로 바뀌는 경우는 극히 드물다.

원만하면서 불안한 사람은 '싫어요'라고 대답했을 때 돌아올 부정적 결과를 지나치게 걱정한 나머지 혼자 애를 쓰거나 속을 끓이기도 한다. 더 일반적으로는, 다른 사람에게 좋지 않게 보일까봐 두려워서 하고 싶은 말을 꾹 참기도 한다. 이 책에서 배운 내용을 잘 습득해두면, 다른 사람에게 잘 보이고 싶다는 욕구와 다른 중요한 목표(스케줄을 방해받지 않기, 속마음 털어놓기 등) 사이에서 균형을 잡기 쉬울 것이다.

당신이 원만한 사람이건 까다로운 사람이건 타고난 본성을 바

꿀 필요는 없다. 다만 편견에 치우치거나 타인과의 관계에 문제가
발생할 때를 대비해 그 사고방식을 전환할 능력은 갖춰야 한다.

::   성실하거나 완벽주의 성향이 있다면

불안한 사람이 모두 성실하다고 할 수는 없지만, 이 책을 읽는 당
신은 제법 성실한 사람일 확률이 높다. 성실함은 투철한 직업의
식과 철두철미하고 정석대로 일을 처리하는 성향과 연관성이 높
은 성격적 특성이다. 이렇듯 성실한 사람에게는 인지행동치료 원
칙과 기술이 놀라운 성과를 보여줄 때가 많다. 왜 그럴까? 인지행
동치료 접근법의 체계적 특성이 그들과 잘 맞기 때문이다. 또한
자기 자신을 이해하기 위해 많은 노력을 기울이며, 획득한 지식
과 기술을 삶에 열심히 활용하기 때문에 좋은 결과를 보여준다.
불안한 사람은 간혹 자신이 별로 성실하지 않다고 생각할 때가
있다. 그런 사람일수록 자신이 성실한 사람이라는 확신을 가져야
한다.

하지만 성실함과 완벽주의를 혼동하지 않도록 주의해야 한다.
가령, 완벽주의자는 어떤 일을 '제대로' 하기 위해 너무 오래 매달
리느라 정작 다른 중요한 과제를 처리할 의지력이 바닥나기도 한
다. 그래서 완벽주의와 성실함은 상반된 결과를 초래할 때도 있

         불안을 다스리는 도구상자

다. 고령자에게는 완벽주의가 사망률을 높이는 결과를 초래한다는 연구 결과도 있다. 하지만 성실함은 위험의 감소와 연관성이 높다.[10] 성실함을 유지하면서도 완벽주의 성향을 줄일 수 있다면 엄청난 장점이 될 것이다!

이 책은 생산성을 저해하는 완벽주의를 줄일 다양한 도구를 알려줄 것이다. 특히 6장은 이 점을 집중적으로 다루었다.

지금부터 2가지 생각전환을 진행할 것이다. 이를 통해서 불필요한 주의경계의 유형을 가려내고, 각 유형이 불안과 어떻게 관련되는지 알게 도와준다.

주의경계가 유용한 경우

먼저 불안에 따른 주의경계가 유용한 사례를 살펴보겠다. 불안에는 위험을 미리 알려주는 방어적 기능이 있다는 사실을 안다면 어떤 태도로 불안을 대해야 유용할지도 알 수 있다.

생각전환 : 다음의 표 왼편에는 불안한 사람의 일반적 성향이 적혀 있고, 오른편에는 그에 해당하는 내 사례가 적혀 있다. 환자와의 비밀보장 원칙을 지켜야 하므로 시시콜콜한 사례를 공개할 수는 없지만 사실성을 높이고자 이따금 내 사례를 제공할 것이다.

왼쪽 설명에 해당하는 당신만의 경험이 있다면 구체적으로 떠올려보라. 그런데 사례를 떠올리려는 시도만으로 머릿속이 하얗게 될 수도 있다. 만약 그런 일이 생기면 그냥 내 사례만 읽어도 된다.

불안한 사람의 일반적 성향	성실함, 주의, 경계가 도움이 된 사례
계획을 세울 때 잘못될 가능성을 고려하며, 만일의 사태에 대비해 계획을 세운다.	• 해외로 나갈 때, 주로 사용하는 신용카드를 사용하지 못할 경우에 대비해 예비 카드를 준비한다.
일이 잘못되고 있다는 느낌이 들면 피해를 최소화하기 위한 대비책을 강구한다.	• 환불에 대비해 영수증을 챙긴다. • 상담원과 통화 중에 잘못된 정보를 안내받고 있다는 생각이 들면, 상담원에게 방금 설명한 내용을 메모한 뒤 다시 읽어달라고 요청한다. 또한 그 사람에게 다시 연락할 수 있는 방법을 물어본다.
사전 조사에 완벽을 기한다.	• 우기인 줄도 모르고 바다로 휴가를 떠나는 짓은 하지 않는다.
다른 사람에게 잘 보여야 한다는 걱정 때문에 철저히 준비하고 예의 바르게 행동한다.	• 미팅 전에 간략한 정보나 질문을 메모해둔다. • 미팅 중에 상대의 이야기에 귀를 기울인다는 인상을 심어주고자 간간이 메모를 한다.
매사에 신중을 기한다.	• 일상의 규칙을 준수하기 때문에 열쇠를 잃어버리거나 가스 불을 켜둔 채 집을 나오는 일이 없다.
결정을 내리기 전에 심사숙고한다.	• 물건을 사기 전에 대개 인터넷에서 검색한 뒤 상점을 찾아간다. 어느 정도 이런 과정을 즐긴다. 또한 충동구매한 물건을 환불하느라 시간을 허비하는 일이 없다.
문제가 생기지 않도록 항상 주의한다. 그 덕에 손해 볼 일이 줄어든다.	• 외국에서 택시 탈 일이 생길 것 같으면 합당한 가격이 어느 정도인지 미리 알아본다.

불안을 다스리는 도구상자

주의경계가 방해되는 경우

똑같이 주의경계를 기울이더라도, 상황에 따라 도움이 되기는커녕 오히려 방해가 될 수도 있다. 기회를 눈앞에 두고 망설이거나 자질구레한 데 신경 쓰느라 더 중요한 일을 놓치기도 한다. 지나치게 신중한 태도 때문에 사람들(연애 상대, 사업 파트너, 동료 등)과 관계를 맺는 데 주저하기도 한다. 어떤 관계로 맺어진 사이든, 가까워지면 어느 정도 상처받을 때도 있게 마련이다. 그래서 간혹 불안에 기반을 둔 자기보호 본능이 스스로를 고립시키고 외로움에 빠뜨릴 수도 있다. 간혹 어떤 대가를 치르더라도 상처받기 싫어하는 사람도 있다. 그 때문에 외톨이가 되거나 심지어 동료들에게서 고립되어 업무에 지장을 초래할 정도가 되기도 한다.

생각전환 : 다음 표의 왼쪽은 앞서 제시한 표와 동일하지만, 오른쪽은 그러한 태도가 좋지 않은 결과를 초래한 사례다. 이와 유사한 사례가 있다면 구체적으로 떠올리거나 적어보라. 오른쪽 사례가 바로 당신 이야기라고 생각되면 해당하는 부분에 표시만 해도 된다.

불안한 사람의 일반적 성향	성실함, 주의, 경계가 방해가 된 사례
계획을 세울 때 잘못될 가능성을 고려하며, 만일의 사태에 대비해 계획을 세운다.	• 일이 잘못될까봐 시도조차 못할 때가 있다.

일이 잘못되고 있다는 느낌이 들면 피해를 최소화하기 위해 대비책을 강구한다.	• 중요하지 않은 문제에 대비하느라 시간과 열정을 허비한 나머지 정작 더 중요한 일을 못할 때가 있다.
사전 조사에 완벽을 기한다.	• 하염없이 조사만 할 때가 있다.
다른 사람에게 잘 보여야 한다는 걱정 때문에 철저히 준비하고 예의 바르게 행동한다.	• 타인의 시선을 지나치게 의식해서 타인에게 비치는 내 모습을 통제하려 애쓴다. 행동을 제어하거나 마음속으로 가상의 대화를 계속하며 어떻게 말해야 좋을지 걱정한다. • 타인의 시선을 지나치게 의식한 나머지 멋대로 '저 사람들은 나를 싫어해'라고 오해할 때가 있다. 부정적 착각 때문에 솔직하고 편안하게 행동하지 못하며, 때로는 자기실현적 예언을 하기도 한다.
매사에 신중을 기한다.	• 어떤 일에 터무니없이 긴 시간을 소비할 때가 있다. • 더 중요한 일을 놔두고 쓸데없는 일에 지나치게 신경 쓸 때가 있다.
결정을 내리기 전에 심사숙고한다.	• 10만 원 차이를 두고 고민하다가 20~30만 원은 족히 벌 만한 시간을 허비할 때가 있다.
문제가 생기지 않도록 항상 주의한다. 그 덕에 손해 볼 일이 줄어든다.	• 타인을 지나치게 의심하느라 공동 작업을 거절할 때가 있다.

강한 개성은 때로 남들이 할 수 없는 일을 가능하게 해주는 엄청난 경쟁력이다. 하지만 제대로 활용하기 위해서는 강한 개성에 지배당하지 않도록 절제하는 능력을 갖춰야 한다. 가령, 굉장히 집요한 사람은(불안한 성격이지만 크게 성공한 사람 중에는 집요한 성격의 소유자가 많다) 큰 인물이 될 가능성이 있다. 하지만 끈질기고 집요한 면이 있더라도 그것을 절제할 줄 모른다면 멈춰야 하는 상황에서 멈추지 못할 수도 있다. 계속해봐야 서로 열만 받을 뿐 아무 의미도 없는 논쟁을 그만두지 못하거나, 아무 성과도 거둘 수 없는 일에서 쉽게 발을 빼지 못하기도 한다. 강한 개성은 그만큼 양날의 검이 될 확률이 높다. 유용할 때도 있지만 방해가 되기도 한다.

지금까지는 당신의 성향을 좀 더 면밀히 파악하는 작업을 했다. 앞으로는 타고난 성향에 충실하게 살면서도, 사고방식과 행동습관에서 불필요하고 도움이 되지 않는 요소는 절제하고 유용한 요소는 유지하는 방법을 살펴볼 것이다.

3장

의미 있는 목표를 찾자

심각한 불안의 소용돌이에 휘말린 사람은 대체로 불안회피를 가장 중요한 목표로 삼지만, 그럴수록 더욱 불안해질 뿐이다. 그런 상태로 오래 지내다 보면 스스로 할 수 있다는 자신감을 상실하기 쉽다. 이 장에서는 당신이 불안에 휘둘리지 않는 목표를 갖도록 돕는다. 이를 통해 과도한 불안에 발목 잡히지 않고 목표를 향해 멈추지 않고 나아갈 수 있기를 바란다.

다음 질문에 대답하면서 이 장이 당신과 얼마나 관련 있는지 확인해보라. 당신에게 가장 맞는 항목을 고르되, 없으면 가장 비슷한 항목을 고르도록 하라.

1. 당신은 주체할 수 없는 불안에 휩싸인 나머지, 내가 미치거나 나약해진 건 아닐까 하고 두려워한 적이 있는가?

Ⓐ 그런 적 없다.

Ⓑ 그중 하나를 걱정한 적이 있다.

Ⓒ 어떻게 알았나? 둘 다 걱정한 적이 있다.

2. 당신은 불안증상을 지나칠 정도로 신경 쓴 적이 있는가?

Ⓐ 없다.

Ⓑ 드물게 한다.

Ⓒ 그렇다. 일기예보를 확인하듯이 불안증상을 모니터링한다.

3. 당신은 불안감 때문에 목표와 꿈을 포기한 적이 있는가?

Ⓐ 없다. 불안감이 신경 쓰이긴 하지만 목표와 꿈을 이루는 과정에서 겪는 불안감은 감내할 만한 가치가 있다.

Ⓑ 불안 때문에 이루고 싶었던 목표를 접은 적이 꽤 있다.

Ⓒ 계산대 옆에 놓인 오프라 윈프리의 잡지 〈O〉 표지에서 '진정으로 원하는 삶을 살아라' 같은 문구를 보면, 내가 그렇게 살지 못하고 있다는 생각에 마음이 무겁다.

4. 당신은 남들에게는 중요하지 않지만 자신에게는 굉장히 의미 있는 개인적 목표를 잘 분별할 수 있는가?

Ⓐ 나는 내가 어떤 사람이고 무엇을 좋아하는지 잘 알고 있으며, 이러한 정보가 반영된 꿈과 목표를 어렵지 않게 떠올릴 수 있다.

Ⓑ 유별난 목표를 생각해낼 때가 있지만, 쑥스럽거나 확신을 갖지 못해 실제로 추구하지는 않는다.

Ⓒ 나는 나 자신을 잘 모르는 것 같다. 그래서 나만의 개성이 깃든 목표와 꿈을 찾기 어렵다.

5. 당신은 삶의 다양한 영역에서 자부심을 느끼는가, 아니면 (외모나 출세, 부모 노릇 등) 일부 영역에서만 느끼는가?

Ⓐ 나는 다양한 영역에서 자부심을 느낀다. 내가 재활용을

열심히 한다는 사실에서, 내가 만든 태국식 카레요리를 맛본 친구가 한 그릇 더 달라고 한다는 사실까지 모두 자부심의 원천이다.

ⓑ 나는 자부심의 85퍼센트 이상을 단 2가지 영역에서 얻는다.

ⓒ 나는 자부심의 85퍼센트 이상을 단 하나의 영역에서 얻는다.

6. 당신은 상처받을 수도 있는 상황을 기꺼이 감내하는가?

ⓐ 그렇다. 내게 중요한 의미가 있는 일이라면 상처를 받더라도 계속한다.

ⓑ 상처받는다는 생각을 견디기 어려워하며 그런 상황을 피하는 편이다.

ⓒ '상처받을 수 있다'는 말을 듣기만 해도 산속으로 도망치고 싶은 기분이 든다. 스트레스를 비롯한 불쾌한 감정을 제거하는 것이 나에겐 가장 중요한 일이다.

다음은 당신이 가장 많이 선택한 항목에 대한 설명이다.

주로 A를 선택했다면?

비록 불안이 당신 삶의 일부일지라도, 그 때문에 꿈이나 목표를 피하진 않는다. 당신은 자신을 잘 알고 있으며, 당신의 본질을 삶의 목표에 담아내고 있다. 삶에 의미를 부여하는 일을 추구할 때는 불안감이 수반된다는 사실도 알고 있다. 아울러 그걸 이겨낼 능력이 있다고 자신한다. 삶의 어느 한 부분에 국한되지 않는 다양한 영역에서 자부심을 느낀다. 그 덕에 어느 한 영역에 차질이 생겨도 이겨낼 심리적 완충 장치가 있다. 이 장은 빠르게 훑어보고 지나가도 좋다.

주로 B를 선택했다면?

당신은 일부 자신감을 상실한 꿈과 목표가 있지만, 모든 꿈을 포기하지는 않았다. 이 장은 당신의 삶이 침체되는 이유를 불안의 증가에 따른 의욕상실이라는 심리학적 메커니즘에 의거해 설명하고, 그 상황을 역전시킬 방법을 알려줄 것이다.

주로 C를 선택했다면?

당신은 불안회피를 삶의 가장 중요한 목표로 삼고 있으며, 이 때문에 다른 목표를 보지 못하는 상태에 이르렀다. 자신감을 상실하고 불안이 당신의 삶을 삼켜버릴 것 같은 느낌을 받고 있다. 이 장은 불안을 눈덩이처럼 불어나게 하는 심리학적 메커니즘을 설명하고, 불안을 줄이려는 목표에 가려

보이지 않던 당신의 진짜 꿈과 목표를 되찾을 방법을 알려 줄 것이다.

○--○

불안을 다스리는 데 시간과 에너지를 쓰면 쓸수록 삶의 나머지 영역에 사용할 자원이 고갈된다. 이 장에서는 불안에 신경을 집중하면 할수록 오히려 불안이 커지는 이유를 설명한다. 그런 다음 당신의 목표를 재발견하는 것이 불안을 회피하는 것보다 훨씬 더 중요한 이유를 설명한다. 아울러 당신이 여러 가지 삶의 목표를 다시 찾고 회복탄력성을 키울 수 있는 방법을 알려주려 한다.

우선 불안을 눈덩이처럼 불어나게 하는 심리학적 메커니즘부터 파헤쳐보자.

:: 　　불안을 없애려다 오히려 불안을 키울 수 있다

당장에 직면한 불안을 제거하려 한 행위가 장기적으로 불안을 배가시키는 상황이 반복되면, 스스로 불안의 쳇바퀴에 갇혀 불안을 삶에서 가장 큰 문제로 키우는 사태가 발생하기 쉽다. 다음에서 이 과정을 조금 더 자세히 설명하겠다.

공황발작을 겪은 사람이 있다고 가정해보자. 이런 경험이 너무 불쾌하기 때문에 그는 당연히 공황발작을 유발할 만한 상황을 회피하려 든다. 처음에는 사람들 앞에서 말을 하거나 주말에 마트에 가는 등 몇 가지 상황만 기피한다. 그런데 역설적으로 들리겠지만, 특정 상황을 피하려고 신경 쓰면 쓸수록 공황발작이 일어날지도 모른다는 불안감은 커져만 간다. 피해야 할 상황이 늘어날 때마다 불안도 따라서 증가하고, 커져버린 불안감은 더 많은 피해야 할 상황을 만든다. 결국 문제가 눈덩이처럼 불어나고 만다. 불안으로 인한 회피 행위를 심리학에서는 '회피적 대처'라고 하며, 이는 불안을 지속시키고 키워나가는 주된 메커니즘 가운데 하나다. 회피적 대처는 앞으로도 계속 다룰 예정이며, 특히 8장은 이를 극복하는 데 온전히 할애했다.

다른 사례를 하나 더 살펴보자. 섭식장애가 있는 사람은 살이 찔까봐 두려워 자꾸만 음식 종류를 줄여나간다. 처음에는 버터만 먹지 않는다. 그러면 일시적으로는 기분이 좋아졌다고 생각하지만, 곧 다른 음식 때문에 살이 찔 것 같은 불안감을 느낀다. 그래서 그 음식도 끊는다. 이러한 사이클이 반복되다 보면 결국 쌀과자와 샐러리 줄기 말고는 아무것도 먹지 못한다. 피하는 음식이 늘어나다 보면 음식에 대한 불안감도 점점 더 심해진다. 그러다가 평범하게 차린 식단조차 먹기 끔찍하다고 느낄 지경에 이르면, 그제야 자기가 정상이 아니라고 생각하기 시작한다(그렇다. 중증 섭식장애를 앓는 사람일지라도, 지구온난화보다 아보카도에 든 지방 함량을 더 걱정하는 것은 뭔가 잘못됐다고 생각한다).

불안을 다스리는 도구상자

"박사님, 이 책은 불안에 관한 책이잖아요? 어째서 섭식장애 이야기를 꺼낸 거죠?"

좋은 질문이다. 내가 섭식장애를 언급한 이유는, 겉으로는 전혀 다른 정신건강 문제라 하더라도(심지어 섭식장애나 우울증처럼 불안장애로 분류할 수 없는 문제까지도) 기저에는 심리학적으로 유사한 메커니즘이 작동하는 경우가 많다는 사실을 보여주기 위해서다. 이 책에서 제공하는 팁을 불안과 관련된 여러 가지 문제에 폭넓게 적용할 수 있다고 자신 있게 주장하는 근거이기도 하다.

이번에는 덜 심각한 사례를 살펴보도록 하자. 컴퓨터를 고치거나, 회계사에게 이메일로 연락하는 것 등을 두려워한 한 사람이 연인에게 이 일을 부탁한다. 그런데 비슷한 문제가 생길 때마다 연인에게 의탁하기를 계속하면 할수록 불안은 오히려 더 커지게 마련이다. 시간이 지날수록 자신이 점점 더 무능하다고 느끼게 된다. 불안을 유발하는 상황에 대처할 능력이 자기에게 없다는 의심을 키워나가며, 비슷한 일이 반복될 때마다 회의감도 짙어만 간다. 연인관계 역시 힘들어질 확률이 높다.

불안을 억누르기 위해 규칙이나 습관을 만드는 사람이 많다. 가령 '금지된 음식'을 먹지 말 것, 특정 장소로만 다닐 것, 특정한 사람하고만 어울릴 것, 손은 최소한 몇 초 이상 씻을 것 등 다양하다. 하지만 이러한 규칙도 단기적으로는 불안을 덜어줄 수 있지만 장기적으로는 오히려 불안을 높이며 자신감까지 갉아먹는다.

하지만 너무 걱정하지 않아도 좋다. 인지행동치료 전략은 걷잡을 수 없는 불안감에 휩싸이는 사태를 예방하고 해결하는 데 대단히 효과적이다.

::   자신을 미치거나 나약하다고 단정하면
                         불안이 커질 수 있다

사람들은 불안이 깊어질수록 자신을 '정상' 혹은 '정상의 범주에 들어가는' 사람이 아닌, '미친' 사람으로 생각하게 된다. 불안 때문에 이런 지경에 이르렀더라도 절망하지는 말라. 이는 불안의 덫에 걸려 진퇴양난에 처한 사람들이 흔히 겪는 일이다. 불안을 유발하는 대상을 피하더라도 결과적으로는 불안이 더 강해질 뿐이다. 불안을 키우는 행위(그게 무엇인지는 앞으로 알려줄 것이다)를 멈추면 당신의 마음이 정상적인 상태로 돌아오는 것을 느끼게 될 것이다.

불안이 심하지 않을 때는 자신이 미쳐간다는 걱정도 별로 하지 않는다. 하지만 불안 때문에 주저하는 경우가 잦아진다. 이러다가 일이 뜻대로 진행되지 않는 순간을 마주하면, 자기 자신이 근본적으로 모자라거나 무능한 인간이 아닐까 고민하기 시작한다. 간혹 '다른 사람이 나를 싫어하고, 내 삶이 망가진 건 모두 불

안감 때문이야'라고 생각하는 사람도 있다. 그들은 '나는 앞으로 누구와도 만족스러운 관계를 형성하지 못하게 되는 것은 아닐까?', 혹은 '다른 사람에게 거절과 무시만 당하다가 외톨이로 늙어 죽는 것은 아닐까?' 걱정하기도 한다.

::   지나치게 신경 쓰다가 불안이 커질 수 있다

불안을 우후죽순처럼 키우는 행동 패턴은 회피적 대처만이 아니다. 불안증상을 지나치게 신경 쓰는 행위도 마찬가지다. 당신은 혹시 밤에 쉽게 잠들지 못한 적이 있는가? 누운 채 시곗바늘의 움직임을 바라보며 이리저리 뒤척이기만 한다. '40분째 애쓰고 있지만 잠이 오지 않아!' 1시간이 더 흐른 뒤에 생각한다. '벌써 새벽 2시야. 출근 전에 잘 수 있는 시간이 5시간밖에 없어.' 째깍 소리가 계속 들려올수록 스트레스도 커진다. 다음 날, 하품할 때마다 오늘밤엔 어떻게 하면 잠들 수 있을지를 고민한다. 다시 잠자리에 들 시간이 찾아오면 잠을 자야만 한다는 불안감은 거의 자기실현적 예언 수준에 이른다.[11] 당신 이야기처럼 들리는가? 이는 불안에 대한 자기 점검이 지나칠 때 드러나는 전형적 패턴이다.

  불안증상을 느낄 때도 이런 패턴이 나타난다. 증상을 신경 쓸수록 스트레스도 늘어난다. 불안을 낮추는 것을 최우선 목표로

삼고 있을 때는, 특정한 상황 혹은 시간대에 맞춰 불안증상에 대한 모니터링이 심해진다. 이런 사람은 아마 아침에 일어나자마자 '오늘은 얼마나 불안에 시달릴까?' 하고 자문할지도 모른다. 하지만 이런 행동 패턴은 불안감을 높이는 데 일조할 뿐이다.

당신은 불안증상을 계속 신경 쓰다가 오히려 불안이 더 심해진 경우가 있는가?

사람들은 간혹 삶에서 추구할 목표를 만들기 전에 먼저 불안감을 없애야 한다고 생각한다. 하지만 불안에 과도하게 신경 쓰면 오히려 목표를 떠올리는 데 방해가 된다. 순서가 바뀐 것이다. 일단은 목표를 먼저 확고하게 정해야 한다. 그다음에 불안의 덫에 걸려 넘어지지 않으면서 목표를 향해 달려갈 방법을 연구해야 한다. 이제 그 방법을 배워보도록 하자.

:: 목표를 정하는 것이 우선이다

이제부터 당신이 가슴 깊이 바라던 가장 중요한 목표를 되찾아주고자 한다. 그 목표가 꼭 '엄청난 부자가 되어 유명 인사들과 어울리고 싶다' 같은 것일 필요는 없다. 또한 별로 상관없는 사람에게 당신의 목표를 인정받을 필요도 없다. 그저 당신에게 의미 있는 일이면 된다.

불안을 감내할 만한 가치가 있는 목표를 찾아라

만약 심한 불안에 시달린다면, 당신은 그 불안을 없애야 한다는 목표에 모든 에너지를 소모하고 있을지도 모른다. 온 신경을 불안에 쏟다 보니 다른 일에 집중할 수 없었으리라. 그럴 수 있다. 하지만 불안을 극복한다는 말은, 단지 불안에서 도망치라는 것이 아니라 목표를 향해 나아가라는 뜻이다. 그러자면 반드시 목표를 재발견해야 한다. 당신의 가슴속에 불을 지펴주는 목표, 그 불을 향해 뛰어가다가 어떤 불안이 닥쳐오더라도 기꺼이 감내할 만한 목표를 찾아야 한다. 이러한 목표를 찾는 과정은 지극히 개인적인 일이다.

생각전환 : 당신은 두려운 마음보다 하고 싶은 열망이 더 큰 일을 떠올릴 수 있는가? 어떤 일이든 상관없다. 가령 부동산에 투자한다거나 새롭게 조깅을 시작하는 것도 좋다(불안한 사람은 간혹 격렬한 운동에서 오는 느낌이 신체적 불안증상과 흡사하다는 이유로 운동을 외면한다). 당장 떠오르지 않아도 괜찮다. 이 책을 읽다 보면 적당한 일이 떠오를 수 있다. 그렇지 않으면 며칠을 두고 생각해보라.

반드시 크고 중요한 목표를 찾을 필요는 없다

경제경영서나 성공에 관한 책을 읽다 보면 원대하고 큰 꿈을 가진 사람들만을 대상으로 쓴 것 같은 부적절함을 가끔 느낀다. 마치 자신감과 확신을 더 갖추기만 하면 누구나 거대 기업의 CEO

나 그에 준하는 원대한 목표를 추구할 거라고 가정하는 듯하다. 그보다는 당신만의 특별한 목표를 찾도록 하라. 일등석을 이용하는 사람이 되겠다거나 고용주가 되겠다는 목표가 아니어도 좋다. 휴직하고 1년 동안 여행을 다닌다거나 TV 프로그램을 평가하는 전문 블로거가 되겠다는 목표도 좋다. 팟캐스트 방송을 시작한다거나 에세이를 출간한다거나 미국 샌디에이고에서 열리는 만화 축제인 코믹콘에 참여한다거나 뜻 깊은 봉사활동을 해보고 싶다는 목표도 좋다. 아무리 괴짜 같아 보여도(혹은 평범해 보여도) 당신만의 특별한 목표를 갖는 데 타인의 시선을 두려워하지 말라.

목표를 찾을 때는 더 거창한 목표가 더 '좋은' 것은 아니라는 점을 명심하라. 많은 사람이 평생 200개 나라를 여행하느니 차라리 30개 나라를 여행하겠다고 한다. 대단한 사업보다는 자그마한 사업을 꾸리겠다고 하며, 또 자기 식구보다 3배는 많은 사람이 살 수 있을 정도로 큰 저택보다는 소박한 집에서 살겠다고 한다.

목표를 이루기 위한 계획을 당장 세울 필요는 없다. 그저 목표가 있다는 것만으로 충분하다. 가령, 나의 특별한 목표 중 하나는 구글을 방문하는 것이었다. 구글에서 일하거나 구글처럼 대단한 사업을 시작하겠다는 뜻이 아니라, 그냥 방문하고 싶었다는 말이다. 그 기회가 빨리 찾아오리라고는 예상하지 못했다. 그런데 어느 날 친구인 가이 윈치Guy Winch 박사가 구글의 뉴욕 캠퍼스에서 북토크를 한다고 알려왔다.[12] 그 순간 나는 얼굴에 철판을 깔고서

데려가달라고 부탁할지 말지 고민에 빠졌다. 말이라도 꺼내보느냐, 아니면 가이 박사가 내 요청을 이상하고 부적절한 것이라고 생각할지도 모른다는 불안감에 항복하느냐 사이에서 선택해야 했다. 결과는? 구글에 가보고 싶다는 욕망이 요청을 거절당할지도 모른다는 두려움을 이겼다. 가이 박사는 나와 함께 가면 기쁠 거라고 대답했고, 나는 기대한 만큼 멋진 경험을 하고 왔다!

내가 엉뚱한 목표를 얼마나 많이 이루었는지 스스로 놀랄 때가 있다. 그중 하나를 이야기하자면, 굉장히 좋아하는 브로드웨이 여배우와 스타벅스에서 커피를 마신 적도 있다. 어떻게 했느냐고? 당시 나는 극성 팬클럽 소녀나 다름없는 기분으로 그녀에게 요청했다. 뜻밖에 그녀가 선뜻 동의했다. 지금 생각해도 내가 무슨 마음으로 그런 부탁을 했는지 모르겠다. 쑥스럽기는 했지만 참으로 짜릿한 경험이었다! 때로는 유별난 목표 때문에 무안하고 쑥스러워도 괜찮다.

생각전환 : 당신만의 특별하면서도 중요한 목표는 무엇인가? 이 질문을 하는 목적은 당신 스스로 그 목표를 인정하게 하기 위함이다.

불안이 목표를 가로막는 때를 알아차려라

앞서 이야기했듯이 작은 목표도 큰 목표만큼이나 가치가 있다. 하지만 불안 때문에 목표를 스스로 제한하는 경우도 있다. 이런 상황이 발생하는 때를 알아차려야 한다. 자아존중감이 약한 사람은 너무 자신만만하거나 거만하게 보일까봐 원대한 목표를 세우지 못한다. 하지만 목표를 줄여 잡다 보면 역효과가 생길 수 있다. 가령 목표를 낮춰 잡는 사람은 높게 잡는 사람보다 체계적인 계획을 수립하는 데 집중하지 못해 일을 효율적으로 처리하지 못한다.

때로는 '성공을 두려워해서' 목표를 낮춰 잡기도 한다. 성공을 두려워하는 사람은 성공이 불러올 사태에 불안을 느끼기 때문이라고 둘러댄다. 이러한 두려움은 충분히 없앨 수 있다. 하지만 먼저 당신이 진짜로 두려워하는 것이 무엇인지 알아야 한다.

생각전환 : 불안감을 느끼지 않는다면 더 크게 해보고 싶은 흥미로운 목표가 있는가? 당신이 두려워하는 것이 무엇인지 정확하게 짚어낼 수 있는가? 가령, 크게 성공할 경우 수신함이 꽉 차도록 메일이 폭주하고 사회적 요구가 늘어날까봐 걱정할 수 있다. 안정된 삶을 위해 필요한 혼자 있는 시간을 갖지 못한다고 지레 걱정할 수도 있다. 어떻게 하면 이런 두려움을 극복할 수 있을까? 대단한 성공을 거두어서 엄청난 양의 메일을 실제로 받게 되면 당신은 어떻게 대처할 것인가?

어느 정도 크기의 목표면 당신이 성공을 두려워하지 않을 수 있을까?

스스로를 기회에 노출하라

쉴 새 없이 목표를 향해 달려야만 꿈을 이룰 수 있는 것은 아니다. 때로는 그저 세상 밖으로 나오는 것만으로도 꿈을 이룰 수 있다. 불안 때문에 삶을 제한하면 할수록 당신의 꿈을 이뤄줄 뜻밖의 기회도 줄어든다.

예를 하나 들어보겠다. 내 친구 하나는 유명 작가인 말콤 글래드웰을 만나보는 것이 꿈이었다. 죽기 전에 만나고 싶은 사람 목록 상단에 말콤의 이름을 올려두었다. 뉴질랜드에 살던 그녀가 어느 날 뉴욕을 방문했다. 그리고 한 커피숍에 들렀다가 맞은편에 앉아 있는 말콤을 보았다. 믿을 수 없을 정도로 기막힌 행운이었지만, 그녀가 뉴욕 웨스트 빌리지가 아닌 뉴질랜드 집구석에 있었더라면 일어날 수 없는 일이었다.

생각전환 : 당신은 적절한 때와 장소에 있던 덕분에 원하는 목표나 꿈을 이룬 경험이 있는가? 불안에 신경 쓰느라 이런 기회에 노출될 기회가 준다는 생각을 해본 적이 있는가?

당신의 본성을 받아들여라

감각 추구 성향은 개인이 타고난 생물학적 특성 및 성격과 연관성이 많다. 이루고 싶은 목표가 별로 없다고 고민할 필요는 없다. 당신이 새로움과 강렬한 경험을 덜 선호한다는 뜻이지, 목표가 부족하다는 뜻이 아니다. 반대로, 끊임없이 새로운 목표를 떠올려도 괜찮다. 당신이 새로움과 짜릿한 경험을 유달리 좋아한다는 뜻이기 때문이다.

::   회복탄력성을 키워줄 목표를 설정하라

회복탄력성을 키우면 불안 때문에 넘어져 일어나지 못하는 사태를 방지할 수 있다. 회복탄력성이란 스트레스와 난관을 이겨낼 힘과 자원을 뜻한다. 이 책이 당신에게 전해주고자 하는 도구와 기술은 모두 회복탄력성을 키우는 데 도움이 된다. 지금부터 당신이 선택한 목표 유형에 맞춰 회복탄력성을 키워줄 방법을 2가지 살펴볼 것이다.

행복이 아니라 의미를 추구하라
사람은 행복을 느끼면 마음이 따뜻해지고 기분도 좋아진다. 그런데 언뜻 이상하게 들릴지 몰라도, 행복을 추구하는 일에만 전념하는 것이 항상 행복을 늘려줄 최선의 방법은 아니다. 불안을 줄이는 데 집중하는 것이 항상 불안을 줄여줄 최선의 방법이 아닌 것과 같은 이치이다.

그렇다면 행복을 늘려줄 더 좋은 방안은 무엇일까? 의미 있는 일을 찾는 편이 더 좋다. 그렇다고 마더 테레사처럼 살라는 말은

아니다. 친구에게 맛있는 요리를 해주거나 평소 하고 싶던 작업에 몰두하는 것도 충분히 의미를 줄 수 있다.

행복이 아닌 의미를 추구하면, 행복하지 않은 순간에도 평온함을 되찾기 쉽다. 실수, 실패, 실망 때문에 생긴 감정의 생채기도 쉽게 가라앉는다. 연구 결과에 따르면, 스트레스는 주로 당신이 대처할 수 없다거나 유해하다고 생각할 때만 실제로 해가 된다고 한다.[13] 의미 있는 삶이라는 더 큰 그림의 일부분으로 스트레스를 받아들이면, 스트레스에 대처할 자신감을 쉽게 얻을 수 있다.

생각전환 : 무엇이 당신의 삶을 의미 있게 해주는가? 남들이 좋게 생각할 만한 활동이 아니라, 당신의 삶에 진정으로 의미 있는 활동을 찾아보라.

자부심의 원천을 다각화하라

회복탄력성을 키워줄 또 다른 방법은 자부심의 원천을 다각화하는 것이다. 주식 투자를 한 종목에만 집중하면 위험하듯이, 자부심을 낳는 알도 한 바구니에만 담으면 심리적으로 위험하다. 업무 실적이든, 초콜릿 복근이든, 멋진 애인이든 어느 하나에만 자부심을 의존하는 사람은 성과가 없거나 살이 찌거나 애인에게 버림받으면 심리적 파국을 맞을 위험이 대단히 크다. 자부심을 안겨줄 영역을 한두 가지에 집중시키지 않고 분산시키면 불안감도 한결 낮아질 것이다.

생각전환 : 자부심은 자아존중감과 자기 능력에 대한 확신에서 비롯된다.[14] 가령, 자아존중감은 남을 사랑하고 남에게 사랑받는 데서, 남을 편안하게 해주는 능력에서, 또는 소속 집단이나 분야나 사회에 유익한 공헌을 함으로써 생겨날 수 있다. 그에 비해서, 자기 능력에 대한 확신은 컴퓨터를 능숙하게 다룬다거나, 10인분의 저녁 파티를 준비할 수 있다거나, 청구서를 연체한 적이 없다는 데서 얻을 수 있다. 자아존중감을 주는 요소와 능력에 확신을 주는 요소를 각각 3가지씩 떠올려보라. 가능하면 평소에 스스로 과소평가하던 영역에서 찾아보도록 하라.

::   당신의 목표가 나침반이 될 것이다

이 장을 끝까지 읽은 당신에게 묻는다. '두렵지만 꼭 해보고 싶은 일이다'라고 자신 있게 말할 수 있는 당신만의 목표 리스트를 보여달라. 불안에 시달리고 상처를 받더라도 기꺼이 추구하고픈 목표는 무엇인가? 지금 당신이 찾아낸 여러 목표는 이 책의 나머지 부분을 읽는 동안 나침반이 되어 앞으로 나아갈 방향을 제시해줄 것이다. 다음 장을 읽어나갈 때는, 설령 그 목표를 추구하는 과정에서 불안이 솟아오르더라도, '나는 지금 가슴속 가장 깊은 곳을 채워줄 목표를 추구하고 있다'는 사실을 기억하라. 이로써 기초

불안을 다스리는 도구상자

공사와 방향 설정이 끝났다. 이제부터는 불안의 덫을 하나씩 해체할 것이다. 먼저 첫 번째 덫, 즉 생각을 행동으로 옮길 때 지나치게 망설이는 행동부터 살펴보자.

2부

o

불안을 다스릴 전략과
도구를 익혀라

4장

망설임

하고 싶은 일 앞에서
늘 망설이는 당신을 위한 전략

불안한 사람은 하고 싶은 일이 생기면 고민에 빠질 때가 많다. 이는 8장에서 살펴볼 '하기 싫은 일 미루기'와는 다르다. 이 장은 고민에 빠져 꼼짝 못하는 상태에서 빨리 빠져나와 행동을 시작하는 데 도움이 되는 전략을 다루고 있다.

다음 질문에 대답하면서 이 장이 당신과 얼마나 관련되는지 확인해보라. 당신에게 가장 맞는 항목을 고르되, 없으면 가장 비슷한 항목을 고르도록 하라.

1. 당신은 경제경영서나 자기계발서를 읽고 책에서 본 방법을 하나라도 적용해본 적이 얼마나 있는가?

Ⓐ 거의 매번 해봤다. 최소 75퍼센트 이상.

Ⓑ 대략 50~75퍼센트 정도 해봤다.

Ⓒ 내 책장은 장식용이다. 50퍼센트 이하.

Ⓓ 경제경영서나 자기계발서를 읽지 않는다. 관련 블로그를 찾아보지도 않는다.

2. 당신은 새로운 시도를 하기 전에 얼마나 오래 고민하는가? 가장 최근을 기준으로 답변하라.

Ⓐ 2주를 넘지 않는다. 새로운 생각에 확신을 가질 만큼 충분히 고민하지만, 결심을 한 뒤에는 지체하지 않는다.

Ⓑ 짧게는 2주에서 길게는 2개월까지 걸린다.

Ⓒ 2개월 이상이다.

Ⓓ 머뭇거리지 않고 행동으로 옮긴다. 나는 돌다리를 두들 겨보지 않고 건너고, 언제나 생각하기 전에 몸이 먼저 움 직이는 사람이다. 일단 저지르고 본다.

3. 당신은 좋은 자리에 스카우트 제의가 들어오면 어떻게 받아들 이는 편인가?

Ⓐ '나는 이 분야에서 먼저 성공을 거둔 사람들에 뒤지지 않 는 능력을 갖추고 있다. 이는 나도 그들처럼 성공할 수 있 다는 증표다. 이 기회에 나도 그들처럼 성공하겠다'라고 생각한다.

Ⓑ A와 C가 혼재되어 있다.

Ⓒ 제안을 받아들이지 않을 이유를 일부러 만들어낸다. 가 령, '아마 다른 사람을 점찍어뒀을 거야' 하고 상대방의 마음을 짐작한다. 실제 상대방의 생각은 모르지만.

Ⓓ 말하지 않았는가? 나는 일단 저지르고 본다.

4. 당신은 어떤 일을 시도했을 경우 성공과 실패의 비율이 얼마 나 되는가?

Ⓐ 시도한 일의 50~70퍼센트는 성공한다.

Ⓑ 시도한 일의 71~99퍼센트는 성공한다.

Ⓒ 시도하면 100퍼센트 성공한다.

Ⓓ 성공한 시도가 50퍼센트를 넘지 못한다.

5. 당신은 과거에 실패한 시도가 떠오르면 어떤 기분이 드는가?

Ⓐ 괜찮다. 나는 항상 좋은 성과를 내기보다는 중요한 순간
에 결정적인 성공을 거두고 싶다. 나는 실패를 통해 배우
며, 내 자긍심은 그 정도에 무너지지 않는다.

Ⓑ 왜 생각한 만큼 잘하지 못했을까 괴로워하며 부끄러워
한다.

Ⓒ 내 능력으로는 절대 성공할 수 없다는 회의감이 든다.

Ⓓ 다른 사람을 탓한다.

6. 다음 6가지 중에 해당하는 것을 모두 세어보시오.

• 나는 내가 좋아하는 일조차도 미루는 경향이 있다.

• 나는 중요한 활동을 피한다.

• 나는 재검토를 과도하게 한다.

• 나는 때로 되물어 확인하기를 자주 해 다른 사람을 짜증
나게 한다.

• 나는 전적으로 새로운 시도는 하지 않으며, 부분적으로
새로운 시도만 한다.

- 나는 끝없이 정보만 찾는다.
Ⓐ 하나도 없다.
Ⓑ 1~2개
Ⓒ 3~6개
Ⓓ 나는 문항과는 정반대의 사람이다.

다음은 가장 많이 선택한 항목에 대한 해석이다.

주로 A를 선택했다면?

당신은 오래 고민하지 않고도 자발적으로 생각을 행동으로 옮길 수 있다. 당신은 적당히 교훈이 될 정도의 실패를 경험하고 있으며, 이는 어떤 일에 능숙해지는 가장 빠르고 좋은 길이다. 이 장은 빠르게 훑어보고 넘어가도 좋다.

주로 B를 선택했다면?

당신은 덫에서 빠져나오기는 하지만, 결코 좋다고 할 수 없을 정도로 오래 망설이는 경향이 있다. 당신은 자신이 생각하는 것 이상으로 더 큰 성공을 거둘 능력이 있으며, 이를 위해 좋은 생각을 빨리 행동으로 옮기는 법을 배워야 한다. 이 장에서는 예전보다 실천은 더 빠르게 하면서도 손해는 더 적게 볼 전략을 소개한다. 또한 결단을 내리고 행동을 취하기까지 어떤 사고의 메커니즘을 거치는지를 설명한다.

주로 C를 선택했다면?

이 장은 바로 당신을 위해 있다. 당신은 실패를 두려워한다. 당신이 가진 불안의 특성은 이른바 '불확실성에 대한 인내력 부족'으로서, 100퍼센트 성공한다는 확신이 들기 전에는 행동으로 옮기지 않으려는 경향이다.[15] 당신에게는 오래도록 사전 조사 단계에만 머무른 프로젝트가 있을 것이다. 일을 벌여도 좋겠다는 충분한 확신이 들지 않아 무엇 하나 시도해보지 않은 채 심사숙고만 하는 일이 아주 많을 것이다. 여기서 제안하는 내용을 시도해보고 결과를 A로 바꾸도록 하자.

주로 D를 선택했다면?

당신은 행동하기 전에 오래 망설이는 문제에는 해당되지 않는다. 오히려 당신은 너무 생각 없이 행동하는 경향이 있다. 이 장은 다른 장에 비해 당신과 연관성이 적지만, 불안과 충동적 성향이 반드시 상호 배척관계는 아니므로 읽어두면 조금은 도움이 될 것이다. 이 장에서 논의하는 불안의 핵심 개념을 잘 정립해두면 이후의 내용을 이해하는 데 도움이 된다.

생각이 많고, 주의 깊고, 자기성찰적인 성향도 나름대로 장점이

있다. 하지만 거북이보다 토끼가 유리할 때도 있는 법이다. 이 장에서는 불안과 망설임이 시너지를 일으키는 현상의 심리적 메커니즘을 설명한다. 이 메커니즘에는 부정적 결과의 가능성을 과대평가하거나, 실패를 재앙이라 여기거나, 불확실하다고 생각되는 상황에서 도망치거나 어쩔 줄 몰라 꼼짝 못하는 경우가 포함된다.

::   생각을 바꿔 지나친 망설임 극복하기

이제부터 균형 잡힌 유연한 사고를 갖추기 위한 몇 가지 생각전환을 제시할 것이다. 실제로 하고 나면 다른 생각전환도 해보고 싶어질 것이다. 잊지 마시길. 모든 것을 다 해볼 필요는 없다. 흥미가 생기는 것 하나만 해봐도 좋다.

당신의 행동이 좋은 결과를 낳을 수도 있다고 생각하라
지금 집의 벽지를 흰색 계통이 아닌 다른 색으로 바꾸려 한다고 가정해보자. 이때 불안으로 인해 부정적 예측이 비약되면, '벽지를 새로 바르느라 많은 돈과 시간을 썼는데도 색깔이 전혀 마음에 들지 않으면 나 자신이 싫어질 것 같다'고 생각할 수 있다. 하지만 '새로운 벽지 색깔이 마음에 쏙 들지는 않아도 그럭저럭 좋아할 수는 있겠지'라고 생각하면, 시도해보고 싶다는 자신감이

                        불안을 다스리는 도구상자

들 수 있다.

당신의 행동이 부정적 결과를 초래할 것이라고 생각하는 버릇은 불안문제에서 대단히 중요하다. 하지만 부정적 예측을 하고 있음을 자각하고 긍정적 생각도 기꺼이 받아들이게 되면 훨씬 수월하게 불안을 다스릴 수 있다. 비록 이 책에서 수많은 도구와 전략을 제시하고 있지만, 이 단순한 원칙 하나만으로도 불안문제를 해결하는 데 큰 진전을 이룰 수 있다. 그러므로 집중해서 보기 바란다.

불안이 느껴질 때면, 그 느낌을 신호로 삼아 부정적 예측을 다른 방향으로 돌려보는 연습을 해보라. 최악의 결과가 아닌, 가능한 한 최선의 결과를 예측해보도록 스스로를 북돋아주라. 불안을 완전히 제거할 필요는 없다. 그저 부정적 결과가 머릿속에 떠오를 때면 딱 그것과 같은 정도만이라도 긍정적 생각을 함께 떠올릴 수 있으면 된다.

생각전환 : 어떤 계획을 실행하려 할 때, 부정적 결과와 긍정적 결과를 동시에 떠올리는 연습을 하라. 앞에서 예로 든 벽지 바꾸기 같은 것도 좋다. 이러한 훈련을 많이 하면 그것이 습관이 된다.

두려워하는 결과 : _____

다르게 생각한 결과 : _____

중요 포인트 : 생각의 전환을 시도할 때는, 장려하고 싶은 좋은 생각을 정해두는 것이 중요하다. 나쁜 습관 하나를 바꾸는 연습과 비슷하다. 이때도 나쁜 습관을 없애려 하기보다는 좋은 습관을 새롭게 키운다고 생각해야 한다.[16] 새로운 생각을 받아들이는 연습의 목표는 좋은 생각을 자연스럽게 떠올리기 위함이다. 불안한 생각이 떠오르는 상황이 찾아올 때마다 새로운 좋은 생각을 함께 떠올리는 연습을 하라.

불확실한 때일수록 실천의 가치를 깨달아라

불안하고 불확실하다고 해서 아무것도 하지 않을 이유는 없다. 상당 기간 정체 상태에 빠져 있을 때는 아무것도 하지 않는 것보다는 무엇이라도 해보는 편이 낫다. 불확실할 때는 차라리 행동하는 편이 낫다는 사실을 깨닫게 되면, 당신의 뇌는 차츰 불확실한 상황을 '큰 소리로 경보를 울려야 할 상황'이 아니라 '긍정적인 상황' 혹은 '그다지 심각하지 않은 상황'으로 인식하기 시작할 것이다. 다음의 생각전환을 해보면, 어떤 일의 결과를 100퍼센트 장담할 수 없거나 방법을 완벽하게 숙지하지 못했을 때라도 일단 실행해보면 도움이 된다는 사실을 깨달을 것이다.

생각전환 : 100퍼센트 성공을 장담할 수 없지만 시도해볼 만한 상황에는 무엇이 있을까? 가령 4시간의 서류 준비로 성공 확률 10퍼센트인 1백만 원짜리 지원금을 신청해본다. 혹은 믿을 수

있는 사람 여럿이 추천해주는 월 5만 원짜리 멤버십 서비스에 가입해본다. 만약 흰색으로만 칠해진 집을 바꾸고 싶다는 생각을 예전부터 해왔다면, 어떤 색이 좋을지 시험해보기 위해 10만 원을 들여 페인트와 붓을 구매해본다. 이와 같은 당신의 사례 3가지를 생각해보라. 3가지나 생각하기가 부담스럽다면 하나만 떠올려도 좋다. 이 책의 내용은 언제든 당신에게 맞춰 조정해도 좋다는 사실을 잊지 말라.

아무것도 하지 않으면 손해라는 것을 깨달아라

불확실함을 참지 못하는 사람은 손해를 입지 않으려고 무척 노력한다. 뒤집어 이야기하면, 돈을 벌기보다는 잃지 않기 위해 더 많은 고생을 하고 있다는 것이다. 아무것도 하지 않아서 생길 수 있는 손해에 대해서 조금만 깊이 생각해보면, 불안한 성향을 거스르지 않으면서도 문제에 잘 대처할 수 있다. 당신의 머릿속에서는 어떤 행동이 끼칠 잠재적 손실과 위험이 자연스럽게 떠오를 것이다. 하지만 아무것도 하지 않아서 발생할 지출과 위험과 잠재적 손실도 그처럼 자연스럽게 떠올릴 수 있는가? 다음 질문에 대답하면서 망설임으로 인한 손해에 관해 집중적으로 생각해보라. 당신의 온 신경을 망설임으로 인한 손해에 집중하라.

생각전환 : 다음 지문을 읽고 답하며 과거에 망설임으로 인해 손해를 본 경우를 집중적으로 되짚어보자. 기억을 떠올리기 쉽도

록 예시를 적어두었다. 각 질문마다 그에 어울리는 당신의 사례를 적어보도록 하자. 사례는 가급적 자세하고 명확할수록 좋다. 하지만 과거의 실수에 너무 자책하지는 말자.

질문	예시
1. 망설임으로 입은 손해를 시간과 정신적 에너지를 표현하는 단위로 나타내보라.	얼른 결정할 수 있었던 일을 미루다가 일주일에 4시간가량 허비하고 있다. TIP. 가능하다면 추정치라도 수치를 표기한다. 숫자는 사례를 더욱 구체적이고 명확하게 보여준다.
2. 1에서 손해로 밝혀진 시간과 에너지를 쓰고 싶은 곳은?	잠을 자거나, 소파에서 휴식을 취하거나, TV를 보거나. TIP. 기분이 좋아지는 일이라면 무엇이든 좋다.
3. 과거에 망설이다가 놓친 기회가 있다면 적어보라.	2년 전 아래쪽 길가의 집 한 채를 투자용으로 구매할까 고민했지만, 끝내 결정을 내리지 못했다. 지금은 당시에 비해 집값이 5천만 원 올랐다. TIP. 구체적이고 명확하게 포인트를 드러내기 위한 숫자 사용법을 눈여겨보라.
4. 망설임과 주저함 때문에 대인관계에서 손해를 본 경험이 있는가?	단골 식당에 갈 때마다 평소와는 다른 메뉴를 먹어볼 것처럼 말하지만, 결국 늘 같은 음식을 주문하는 바람에 내게 질린 친구가 있다. 결정을 내리지 못하고 머뭇거리는 내 모습에 상대방이 실망한 적이 있다.
5. 행동을 미루면 미룰수록 자신감도 상실되는 경험을 한 적이 있는가? 이후 실패에 대한 두려움이 예전보다 더욱 커졌는가? TIP. 완벽주의 성향의 강화는 실패에 대한 두려움이 커지고 있다는 지표다.	있다. 나는 예전에 지금보다 훨씬 자신감이 많은 사람이었다는 사실을 기억한다.

불안을 다스리는 도구상자

6. 아무것도 하지 않고 있다가 경험을 통해 배울 기회를 놓친 적이 있는가?	예전에 주식 투자를 미루었다. 이제는 40대가 되어 투자할 자금은 꽤 있지만 직접 투자해본 경험이 전혀 없다. 자금이 조금이라도 있었을 때 연습 삼아 투자를 해봤더라면 이미 경험이 쌓였을 것이다.

'실패는 끝장'이라는 생각을 고쳐라

부정적 결과를 예상했을 때, 실제로 나쁜 결과가 나올 수도 있다. 하지만 그 실패로 모든 것이 끝나는 경우는 극히 드물다. 만약 실패하면 진짜로 끝장이 나는 상황(가령 1억을 투자했다든가)이라면 대단히 신중하게 일을 진행해야 할 것이다.

그러나 이 같은 상황과 실패나 실수를 해도 치명적 손해가 되지 않는 경우를 구분할 수 있어야 한다. 그렇게 하면 당신은 더 많은 성공을 맛볼 것이다.

생각전환 : 불안해서 "실패하면 끝장이야"라고 말하는 일을 떠올려보라. 거절당하거나, 부정적 피드백을 받거나, 특출하게 잘해내지 못하거나, 투자에 실패하면 큰일 날 것 같은 상황이다. 이 일에 실패하면 끝장날 것 같다는 생각을 대신해 강화하고 싶은 다른 생각을 떠올리도록 다음과 같이 시도해보라.

과거의 생각 : _____를 시도했다가 후회하면 비참한 기분이 들 것 같다.

새로운 생각 : _____를 시도했다가 후회하면 속상하긴 하
겠지만 참을 수 있다.

'실패를 감당할 수 없다'는 생각을 고쳐라
여기서 고칠 생각은 바로 앞의 것과 비슷해 보이지만 미묘한 차
이가 있다. 많은 사람이 일을 시도했다가 뜻대로 되지 않았을 때
대처할 수 있는 자신의 능력을 과소평가한다. 불안한 사람은 흔
히 '이 결심을 나중에 후회하면 어떡하지?', '실패했을 때 부정적
인 감정에 휩싸이면 어떡하지?' 하고 생각하며 두려워한다. 하지
만 실수를 저지르거나 상태가 악화되거나 실망하게 되더라도 대
처할 능력이 자신에게 있다는 사실을 깨달으면 이러한 고민에서
쉽게 벗어난다.

올림픽 선수들을 보면 실패에 대처하는 인간의 능력이 얼마나
대단한지 알 수 있다. 올림픽에서 금메달을 목에 거는 것은 종목
을 불문하고 단 한 사람뿐이지만, 그렇다고 해서 나머지 선수들
이 낙담해서 자살하거나 술독에 빠져 모든 것을 잊고 살지는 않
는다. 올림픽 선수들은 지구상에서 가장 치열하게 훈련하고 경쟁
하는 사람들이며, 금메달을 위해 아주 많은 것을 투자한다. 하지
만 금메달을 따지 못해도 이에 대처하고 앞으로 나아갈 수 있다.
실패했다고 해서 그들이 해온 모든 훈련이 소용없는 것은 아니
다. 이는 그들이 그 과정에서 얻은 경험과 심리적 능력(끈기, 신중

　　　　　　　　　　　　불안을 다스리는 도구상자

함, 헌신 등)이 증명한다.

생각전환 : 실패나 실수로부터 초래된 감정(부끄러움, 실망감, 슬픔, 좌절감 등)을 성공적으로 추스를 수 있었던 과거의 경험이 있으면 떠올려보라. 혹시 연인과 헤어진 경험이 있는가? 당시에는 실연의 아픔을 도저히 극복할 수 없을 것 같았어도 어느새 괜찮아진 것과 비슷하다.

만약 당시 기억을 자세히 떠올리기 힘들다면 이후에 당신이 어떻게 했는지를 자문해보라. 결과적으로 당신을 그 상황에서 빠져나오게 만든 것은 무엇인가? 어쩌면 당신이 정말로 그 문제에 잘 대처했고 이제는 시간이 흘렀기 때문일 수도 있다.

긍정적으로 생각해보면, 뜻대로 되지 않았던 일에 잘 대처했다는 사실을 똑똑히 확인함으로써 앞으로 새로운 시도를 할 용기를 얻을 수 있다.

'실패하면 절대로 성공할 수 없다'는 생각을 고쳐라
불안은 사람들로 하여금 이것이 아니면 저것이라는 이분법적 사고에 빠져들게 한다. 결과를 성공과 실패 둘 중 하나로만 생각할 뿐, 성공으로 향하는 구불구불한 길에 실패라는 이정표를 하나 더 세웠다는 생각을 하지 못하는 때가 많다. 지나친 망설임을 극복한다는 것은 실패가 최종적인 성공으로 향하는 과정의 일부임을 배운다는 뜻이다.

실패를 견뎌내는 힘을 더욱 키우고자 한다면 이른바 '성장형 마인드셋'을 지녀야 한다. 이는 제대로 된 연습을 하면 자신의 능력을 향상시킬 수 있다고 믿는 마음가짐이다. 그 반대는 '고정형 마인드셋'이라 부른다. 고정형 마인드셋을 가진 사람은 자신의 능력이 고정되어 있다고 믿는다. 이런 사람들은 자신이 더 이상 발전할 수 없다고 생각하기 때문에 실패를 무척이나 두려워한다. 고정형 마인드셋을 지닌 사람보다 성장형 마인드셋을 가진 사람이 더 많은 성공을 거둔다는 연구 결과는 셀 수 없이 많다.[17] 고정형 마인드셋인 사람도 얼마든지 완벽한 성장형 마인드셋으로 바뀔 수 있다.

생각전환 : 다음 실험을 해보면서 성장형 마인드셋을 갖춰보자.

1. 당신은 첫 시도에는 실패했지만 결국 성공한 경험이 있는가?
2. 당신에게 있는 고정형 마인드셋 영역 하나를 찾아보라. 당신의 성공에 필요한 기술이나 능력이지만 원하는 만큼 실력이 좋지도 않고 늘지도 않는 것을 떠올려라.
3. 당신이 키우고 싶은 성장형 마인드셋을 설정해보라. 가령, '나는 협상을 못해'라는 고정형 마인드셋을 가지고 있었다면, '내 기질과 가치관에 맞는 방법으로 연습하면 협상 실력을 키울 수 있어'라는 새로운 성장형 마인드셋을 만들어라.

불안을 다스리는 도구상자

과거의 생각 : _____

새로운 생각 : _____

'실패는 오로지 패배자의 몫이다'라는 생각을 고쳐라

불안한 완벽주의자들이 자주 하는 실패에 관한 잘못된 생각 하나는 오로지 패배자들만이 실패를 경험한다는 것이다. 만약 당신이 이런 편견을 갖고 있다면 다음의 생각전환을 해보라.

생각전환 : 큰 성공을 거둔 사람 중에 당신이 존경하는 사람 하나를 떠올려보라. 오프라 윈프리도 좋고 실제 지인 중 하나도 괜찮다.

그 사람이 성공을 거둔 분야에서 어떤 실패를 겪었는지 아는가? 당신이 존경하는 기업인은 투자에 실패한 적이 없을까? 당신이 좋아하는 배우는 흥행에 참패한 영화를 찍은 적이 없을까? 당신이 애호하는 뮤지션이 낸 앨범은 한 번도 망한 적이 없을까?

실패와 관련된 사례가 선뜻 떠오르지 않는다면 온라인 조사를 하거나 관련 인물의 자서전을 찾아봐도 좋다. 그 인물이 성공을 거두는 데 실패가 핵심적 역할을 했다는 사실을 분명히 알아야 한다. 레스토랑을 열었다가 망해본 경험은 영화배우보다는 유명 셰프에게 더 많은 법이다.

생각전환을 마쳤다면 당신 스스로에게 물어보라. '실패는 패배자의 몫이다'라는 생각을 대신할 수 있는 좀 더 현실적이고 덜

엄격한 생각은 무엇일까?

그다음, 당신이 알고 지내는 인생 선배에게 실패와 관련된 경험을 들려달라고 요청해보라. 실패를 통해 무엇을 배웠는지 물어보라. 혹은 유명인들의 실패 사례를 물어봐도 좋다. 자기 자신의 실패에 대한 이야기보다는 더 편하게 해줄 것이다.

당신의 직감을 믿어라

직감은 가야 할 때와 멈춰야 할 때를 판별하는 데 중요한 정보를 제공한다. 그러나 불안을 타고난 사람은 직감과 불안증상을 구별하기 어려워하기 때문에 "당신의 직감을 믿어라"라는 말에 혼란을 느낄 수 있다. 당신이 결정을 내려야 할 순간에 주로 느끼는 불안증상이 무엇인지 파악해두면 불안증상과 직감을 구분해낼 수 있다.

가령, 해외 항공권을 예약하려 할 때마다 메스꺼움을 느끼지만 얼른 '구매 결정'을 클릭하고 나면 편안해진다. 이러한 감정 변화가 반복적인 패턴으로 발생한다면, 당신은 이때의 메스꺼움은 실제 위협과는 상관없는 잘못된 경보라고 판단할 수 있다.

이와 같은 상황을 겪을 때면 당신에게 "이 행동은 좋은 결정이다"라고 말해줄 직감은 어떤 것인지 찾아보라. 어떤 기분이 들 때 '하자' 혹은 '좋아'라고 말하고 싶은가? 내 경우에는 조금 불안한 느낌이 들지만 찌릿찌릿하면서도 흥분이 되면 'go' 사인이다(나는 새로운 결정을 내릴 때면 거의 매번 이런 느낌을 받는다). 당신의 몸과 마음이 "그래 좋아"라고 외치고 싶은 기분이 들게 하는 직감적 느낌이 어떤 것인지 주의 깊게 살펴보라.

물론 "멈춰. 무언가 이상해"라는 경고가 맞아 들어갈 때의 직감이 어떤 것인지도 살펴봐야 한다. 현재 하고 있는 일을 멈춰야만 할 것 같은 직감은, 주로 비록 지금 정석대로 일을 하고 있지만 흥도 나지 않고 당신의 주특기를 활용하지도 못할 때 나타난다. 어딘가 잘못된 것 같은 직감은 당신이 지시받은 사항이 당신과 맞지 않는다는 뜻이다. 설명할 수 없다고 해서 직감을 무시하지 말라.

이러한 직감을 찾기 위해 주의를 기울여보면, 두려움으로 인한 경직이나 정보 과잉으로 사고가 정지된 상태에서 받는 직감과는 다르다는 것을 알게 된다. 이런 다른 종류의 직감들도 당신이 취해야 하는 행동을 알려주는 단서가 된다.

생각전환 : 이 책을 읽어나가면서, 특정한 상황에 유효한 행동이나 생각을 지시하는 본능적 직감과 당신의 주된 불안증상을 구별해보라.

::   행동을 바꿔 지나친 망설임을 극복하기

지금까지는 조그만 생각의 변화가 행동의 변화에 주는 영향력에

초점을 맞추었다. 물론 중요한 논의지만 전체 내용의 절반에 지나지 않는다. 많은 사람이 '체력이 남으면 운동을 더 하겠다'라든가 '아이디어가 떠오르면 더 많은 시도를 해보겠다'와 같이 생각과 마음을 고쳐먹으면 행동도 변할 수 있다는 사실은 잘 안다. 하지만 '운동을 많이 하면 체력이 늘어날 것이다' 또는 '더 많은 시도가 더 많은 아이디어를 창출할 것이다'와 같이 행동의 변화가 마음과 생각을 바꿀 수 있는 영향력은 과소평가한다. 행동의 변화를 시도할 때는 생각이 먼저 바뀌기를 기다리는 실수를 저지르지 말라. 정신의 변화와 행동의 변화는 서로 꼬리를 물고 일어난다. 아무리 사소한 것이라도 우선 행동을 바꿔보면 당신의 모든 사고방식은 물론 스스로에 대한 인식까지도 바뀌기 시작하는 것을 느낀다. 생각이 바뀌기를 기다리지 말고 언제나 행동을 먼저 해보는 태도는 불안을 감소시킬 빠르고 효율적인 방법이다. 이는 인지행동치료법이 인지와 행동에 동시에 초점을 맞추는 이유이기도 하다.

지금부터 논의할 행동의 전환은 당신이 생각과 행동 사이에서 균형을 찾도록 도와줄 것이다. 그러나 우선은 어떤 이유에서 발생한 불안이건 간에 불안을 낮추는 전략부터 알아보도록 하자.

빠르게 불안을 감소시키는 천천히 숨쉬기
불안을 빠르게 가라앉힐 수 있는 최고의 방법은 천천히 숨쉬기다. 불안 때문에 과도한 신체적 자극을 받을 때나, 생각이 걷잡을 수 없이 많아질 때나, 아무것도 생각이 나지 않을 때마다 이 방법을 써보라. 숨을 천천히 쉬면 자연히 심장도 천천히 뛰게 된다. 그러면 마음이 진정되는 것을 느낀다. 이것은 생리학적 사실이기 때문에, 100퍼센트 효과를 장담할 수 있는 유일한 불안 관리 전략이다. 효과도 거의 즉시 나타난다. 다음은 숨을 천천히 쉬는 데 도움되는 팁이다.

1. 숨을 고르기 전에 어깨를 늘어뜨려라. 호흡을 늦추기 용이해진다. 또한 숨을 깊게 쉬려 하기보다는 천천히 쉬는 데 초점을 맞춰라.
2. 목이나 어깨 또는 신체 어딘가 결리고 당기는 부위가 있으면 그쪽으로 신선한 공기가 들어가는 이미지를 떠올려라. 과학적이지는 않지만 많은 사람이 선호하는 방법이다.
3. 나는 사람들에게 천천히 숨쉬기의 효과를 보여주기 위해 스마트폰 무료 심박측정 앱을 이용한다. 이 앱은 스마트폰 카메라에 손가락을 대면 렌즈를 통해 혈류의 미세한 변화를 감지한다. 이 앱을 이용하면 자신의 심박 수가 내려가는 것을 눈으로 볼 수 있다. 일반적으로 숨을 내뱉을 때보다 들이마실 때 조금 더 심박이 빠르다는 사실을 유념하라.

언제 어디서 실행할지 결정하라

불안한 사람은 최악을 가정할 때가 많기 때문에, 변화는 각고의 노력 끝에 얻을 수 있는 결과라고 생각하는 경향이 있다. 하지만 결정적인 순간에 있었던 작은 차이가 커다란 변화를 발생시킨 심리학적 연구 사례는 아주 많다.

다음의 특수한 연구 사례를 읽어보면, 앞으로 언제 어디서 어떤 일을 하겠다는 결심을 부쩍 많이 하게 될 것이다.[18] 이는 대다수의 심리학 연구가 그렇듯이 학생들을 실험 대상으로 진행된 연구로서 과제물과 관련된 것이다. 학생들에게 과제를 주고 두 그룹으로 나누었다. 한 그룹의 학생들에게는 언제 어디서 과제를 끝낼 것인지를 물어보았다. 이 그룹은 71퍼센트가 기한을 넘기지 않고 과제를 했다. 다른 그룹 학생들에게는 마감기한만 알려주고 언제 어디서 할 것인지는 물어보지 않았다. 이 그룹에서 제시간에 과제를 제출한 학생은 32퍼센트에 불과했다. 한쪽은 대부분이 성공했지만 다른 쪽은 대부분 실패한 이 극단적인 사례에서 그 커다란 차이를 발생시킨 것은 단 2분간의 개입이었다.

이 변화를 당신의 삶에 적용하라. 언제든 실행 계획을 세울 때는 언제 어디서 할 것인지를 분명히 정하라. 매사를 이처럼 하는 습관을 들여라.

불안을 다스리는 도구상자

일단은 성공 경험을 맛봐라

다음 사례를 읽고 생각해보라. 한 아이가 엄마에게 초콜릿 한 봉지를 사달라고 조른다. 만약 엄마가 실수로라도 사주겠다고 대답한다면, 이 아이는 나중에 또다시 초콜릿을 사달라고 졸라야겠다고 마음먹을 것이다. 이러한 패턴을 '간헐적 강화'라고 부른다. 심리적 강화가 간헐적으로 일어난다는 뜻으로서, 비록 보상을 받거나 거절당하는 때가 언제인지 알 수는 없지만 종종 보상을 받는 경우에 발생한다.[19]

어떤 행동의 결과가 좋으면 곧바로 간헐적 강화가 일어나고, 그 행동은 지속된다. 초콜릿을 사달라는 요청에 엄마가 한두 차례 굴복하면 아이가 계속 조르는 것과 같다. 이따금씩 복권에 당첨되는 경험을 하면 계속해서 복권을 사게 되는 것도 간헐적 강화 법칙의 예시다. 복권에 당첨되면 도파민이 급속히 분비되고, 당첨자의 시선은 더 높은 순위에 당첨될 가능성에 꽂히며, 복권을 구입하는 '노력'을 계속해서 강화하게 된다.

기억하라. 어쩌다가 성공을 경험함으로써 생겨나는 간헐적 강화라고 할지라도, 이 얼마 되지 않는 성공의 경험조차도 당신의 행동력에 회복탄력성을 더해주며 쉽게 포기하지 않도록 도와준다. 그러므로 무엇이든 새로운 것을 시도할 때는 크지 않더라도 첫 성공을 맛보는 것에 집중하라. 가령, 사업을 해서 성공하고자 한다면 한 명이라도 첫 번째 고객을 만들어보기, 처음으로 하나라도 물건을 팔아보기, 내 거래 제안을 처음으로 수락 받아보기 같은 경험이다. 가격 책정이나 웹사이트 구축이나 홍보용 선물 세트 제작에 완벽을 기하는 것보다 우선 이 같은 목표를 달성하는 것에 집중하라. 스스로에게 성공의 맛을 느끼게 해줘라.

당신이 원하는 분야에 종사하는 사람들과 어울려라

과도하게 망설이는 사람에게 내가 언제나 즐겨 추천하는 성공의 팁은 당신이 원하는 일을 이미 성공적으로 하고 있는 사람들과 정기적인 교류를 가지라는 것이다. 과연 이것으로 당신의 거북이 같은 성향을 고칠 수 있을지 의문인가? 감정, 생각, 행동은 모두 사회적 전염성을 가진다.[20] 그러므로 당신에게 요구되는 행동을 이미 실천하고 있는 사람들과 어울리면 당신도 그 행동에 물들기 쉽다. 당신은 더욱 행동적으로 변하게 될 것이다.

당신의 분야에서 이미 성공을 거둔 사람들과 어울리는 것이 중요한 또 다른 이유는, 당신을 성공으로 이끌어줄 핵심적인 정보는 대체로 책 같은 공개적 매체를 통해 얻을 수 없기 때문이다. 그런 정보는 사람에서 사람으로 전해지게 마련이다. 이러한 숨겨진 비법은 성공을 거둔 사람들과 친해져야만 배울 수 있다.

불확실함을 감내하는 연습을 하라

성공한다는 확신이 100퍼센트 들지 않아도 시험 삼아 시도해볼

불안을 다스리는 도구상자

만한 기회를 찾아보라. 수개월에 걸쳐 기회가 올 때마다 차츰차츰 시도해보라. 불확실함을 감내하고 행동할 수 있다는 사실을 경험을 통해 깨달으면 더욱 손쉽게 새로운 시도를 할 수 있게 된다. 또한 가급적 빨리 행동으로 옮길수록 편안함을 느끼게 될 것이다. 불확실함을 안고 어떤 일을 시도해볼 기회가 찾아온다면, 이 일이 초래할 긍정적 가능성을 다음과 같이 명확하게 정리해보라.

- 잘될 수도 있다.
- 잘되지 않는다면 이 생각이 틀렸다는 뜻이므로 다른 생각을 찾아보겠다.
- 이 결정에 대해서 더 이상 뒤돌아보지 않을 것이다.

망설임 줄이기 훈련

당신의 망설임을 줄여줄 가벼운 훈련 방법을 소개하고자 한다. 이 훈련을 계속하면 심리적 유연성을 높일 수 있다. 또한 조금 더 기다려봐야 할지, 아니면 신속한 결정을 내려야 할지, 행동을 취해야 할지, 다른 곳으로 비켜가야 할지를 두고 고민할 때 조금 더 나은 결정을 내릴 수 있게 된다. 깊은 생각에 빠진 상태에서 평소보다 빠르게 벗어날 수 있으면서도 최악의 결과를 피할 능력이 당신에게 있음을 알게 될 것이다. 만약 당신에게 실제로 좋은 투자가 될 상품도 선뜻 구입하기를 미루는 경향이 있다면, 빠른 결정을 내릴 자신만의 기준을 만들어둬라. 가령, '5만 원 이하의 물건은 48시간 안에 구매 결정을 내린다'는 식으로 말이다. 당신의 형편과 선호도에 맞춘 적절한 기준을 정하라.

불안을 다스리는 도구상자

5장

。

<u>되새김</u>

자꾸 되새기고 고민하는
당신을 위한 전략

불안을 느끼면 불필요한 생각이 많아지기 쉽다. 이는 '되새김'과 '두려움'이라는 2가지 유형으로 주로 나타난다. 되새김은 지나간 사건(최근의 일일 수도, 오래된 일일 수도 있다)을 머릿속에서 재연하는 것이고, 두려움은 앞으로 일어날지도 모르는 사건을 걱정하는 것이다. 이 장은 이와 같은 불안의 덫에 걸렸을 때 효과적으로 대처하는 방법을 다룬다.

○--○

다음 질문에 대답하면서 이 장이 당신과 얼마나 관련되는지 확인해보라. 당신에게 가장 맞는 항목을 고르되, 없으면 가장 비슷한 항목을 고르도록 하라.

1. 당신은 조금 전에 했던 대화를 얼마나 자주 마음속으로 되새기는가? 대화에는 이메일이나 문자 메시지, 메신저 대화 등도 해당된다.

Ⓐ 거의 되새기지 않는다.

Ⓑ 이따금씩 되새기지만 일주일에 1회 이하다.

Ⓒ 최소한 일주일에 1회는 되새긴다.

2. 당신은 오래된(몇 달 혹은 몇 년 이상 지난) 사건을 얼마나 자주 마음속으로 되새기는가?

Ⓐ 거의 되새기지 않는다.

Ⓑ 이따금씩 되새기지만, 2주일에 1회 이하다.

ⓒ 최소한 2주일에 1회는 되새긴다.

3. 당신은 불안을 느낄 때 몸이 아팠던 적이 있는가?

Ⓐ 없다. 또는 극히 드문 일이다.

Ⓑ 인생에 중요한 변화가 있을 때(가령 새 직장에 출근할 때) 그렇다. 일반적으로는 그렇지 않다.

ⓒ 1개월에 1회 혹은 그 이상.

4. 당신은 중요한 평가를 받는 자리(중요한 회의, 오디션, 인터뷰 등)에서 생각한 만큼 잘하지 못하면 어떻게 하는가?

Ⓐ 다음번에는 조금 다르게 해봐야겠다고 계획을 세운다.

Ⓑ 와인 한잔 마시고 잊어버리려 노력한다.

ⓒ 몇 주 동안 '더 잘할 수 있었는데'라는 강박에 시달리며, 그들에게 내가 어떤 모습으로 비쳐졌을지 고민한다.

5. 당신은 약점 때문에 고민이 생기면 어떻게 대처하는가?

Ⓐ 인간은 누구나 조금씩 약점을 갖고 있게 마련이라고 생각한다.

Ⓑ 다른 사람에게 약점을 들키지 않기를 바란다.

ⓒ 내가 추구하는 성공과 행복을 약점 때문에 이루지 못할

까봐 몇 시간씩 고민한다.

6. 당신은 중대한 실수를 저질렀음을 깨달으면 어떻게 대처하는가?

Ⓐ 실수를 바로잡고 계속한다.

Ⓑ 실수는 바로잡지만 며칠 동안 잠을 제대로 자지 못한다.

Ⓒ 많은 고민을 하지만 불안감에 머리가 굳은 나머지 제대로 바로잡지 못할 때가 많다.

다음은 당신이 가장 많이 선택한 항목에 대한 설명이다.

주로 A를 선택했다면?

당신에게 되새김은 큰 문제가 아니다. 당신은 더 좋은 방법이 떠오르면 그 아이디어를 언제 어디서 시험해볼 것인지 구체적인 실행 계획을 세운다. 이 장은 빠르게 훑고 넘어가도 좋다. 하지만 이 장에도 당신이 취할 만한 정보가 있을 것이다.

주로 B를 선택했다면?

당신은 때때로 지난 일을 되새기며 힘들어할 때가 있다. 속상한 일이 생겼을 때 대처할 전략을 배우면 마음을 편히 하는 데 도움이 될 것이다. 되새김과 두려움이 당신 인생을 앗아갈 정도는 아니지만, 그렇다고 웃어넘길 수준도 아니다. 이런 일이 벌어졌을 때 언제든지 손쉽게 사용할 수 있는 도구 모음을 갖춰두자.

주로 C를 선택했다면?

당신은 되새김의 굴레에 빠져 있다. 당신은 '이렇게 하면 더 좋았을걸' 하는 생각은 수도 없이 하지만 정작 실천으로 옮기지는 않는다. 되새김과 두려움은 좋은 아이디어가 자라는 것을 가로막고 문제해결을 어렵게 만든다. 이 장에서 가르쳐주는 전략을 배우면 되새김과 두려움에 빼앗기던 시간을 크게 줄일 수 있으며, 더욱 효과적인 선택을 할 수 있다.

○--○

믿지 못해도 상관없지만, 심리학자들은 생각이 너무 많은 사람에게 쓰는 용어도 갖고 있다. 바로 '인지욕구'다. 깊이 생각하기를 즐기며 사물의 이치를 깨닫고 현상을 이해하고 싶은 욕구가 많은 사람에게 사용한다. 당신처럼 자기 자신과 자신의 머릿속을 이해하기 위해 책을 찾아 읽는 사람은 인지욕구를 가졌을 확률이 높다.

인지욕구가 높은 사람은 열린 태도 선호, 높은 자존감, 낮은 사회적 불안도 같은 좋은 특성을 많이 가지고 있다.[21] 하지만 겉보기에는 똑같이 생각이 많은 것이지만, 되새김과 두려움은 새로운 아이디어에 폐쇄적이고 정신건강에 좋지 않다. 이 장은 당신의 불필요한 생각을 줄여주고자 작성했다. 당신이 자기반성과 깊은 생각의 이점은 누리되, 불필요한 생각으로 자기비판과 두려움에 얽매이지는 않기를 바란다.

:: 생각을 바꿔 되새김에서 빠져나오기

불안과 되새김은 서로 꼬리를 물고 일어나는 순환고리 구조를 형성한다. 이 단락은 되새김의 순환고리에 갇힌 때를 깨닫고 그 굴레에서 벗어날 방법을 알려준다. 또한 간단한 명상 훈련을 통해 경직된 마음을 푸는 방법을 소개한다.

되새김에 빠져 있을 때를 인지하라

되새기는 시간을 줄이기 위해서는 자신이 되새김에 빠져 있는 순간을 알아차려야 한다. 되새김은 사소한 일로 유발될 수 있다.

예를 들면 이런 식이다. '나는 어째서 비싸게 기름을 넣었을까? 조금만 더 가면 저렴하게 넣을 수 있는데도 고속도로를 나오자마자 주유소에 들어가다니! 이런 멍청한 짓을 하면 안 되지! 고속도로 근처 주유소는 동네 주유소보다 비싸다는 사실을 기억했어야지! 아무리 그 주유소에 다른 차량이 많았다고는 해도 나까지 끌려가서는 안 되는 거였어. 대체 그 많은 사람은 기름 값이 얼마나 비싸든지 상관없다는 건가? 모두 바보란 말인가?'

물론 훨씬 심각한 자기비판으로 이어지는 되새김도 있다. '대체 뭐가 문제지? 꿈이 있으면 뭐해? 하나도 되는 게 없는데? 내 머릿속에는 대체 뭐가 들어 있는 거야? 간절함이 부족한 건가? 아니면 그냥 내가 허세만 가득한 바보라서?'

되새김에 빠지면 마치 백일몽을 꿀 때처럼 자신이 되새김에 빠져 있다는 사실조차 자각하지 못할 때가 있다. 다음의 생각전환을 통해 되새김에 빠져 있는 상황을 자각하는 능력을 키워보자.

생각전환 : 당신이 주로 되새기는 항목을 몇 가지 적어보라. 다음 예시를 보고 떠오르는 새로운 것을 적어도 좋다.

- 나에게 중요한 윗사람과 나눴던 대화를 되풀이한다. 가령, _____ 와 했던 대화(이메일 포함)를 되새기고 있다.
- 과거에 실패했던 기억을 되새긴다. 가령, _____일이다.
- 생각한 만큼 완벽하게 해내지 못한 일을 떠올린다. 가령, _____ 일은 당신이 생각한 것만큼 잘하지 못했다.
- 충분히 더 잘할 수 있었던 일을 떠올린다. 가령, _____이다.
- 내 인생은 한 번도 성공과 행복을 맛본 적이 없고 실패로 가득하다고 생각한다.

- 사소한 실수를 계속 떠올린다. 가령, _____이다.
- 놓친 기회를 계속 떠올린다. 가령, _____이다.

또 다른 사례가 떠오른다면 추가해도 좋다. 이 첫 번째 실험은 당신의 되새김 습관을 바꾸기 위한 것이 아니라 당신이 그 순간을 알아채도록 도와주는 것이다.

왜곡되고 과장된 기억을 인지하기

불안할 때는 사건에 대한 기억이 편향된 채로 떠오르기 쉽다.[22] 가령, 승진 면접을 마친 회사원은 면접장에서 미처 하지 못했던 말을 계속해서 떠올리며 면접을 망쳤다고 생각할 수 있다. 하지만 자신이 했던 좋은 대답은 쉽게 떠올리지 못한다. 면접관이 보인 모호한 행동(안 하고 넘어간 질문이 있다든지)은 마음속으로 끊임없이 되새기지만, 반대로 긍정적인 반응을 보인 때는 쉽게 떠올리지 못한다.

내 친구는 이때까지 치른 모든 시험을 망쳤다고 습관적으로 혼잣말을 하곤 한다. 정답을 몰랐거나 충분히 맞힐 수 있었는데 틀린 문제를 계속해서 되새긴다. 되새김의 덫에 빠진 당신이 반드시 기억해야 할 메시지가 여기 있다. 당신의 기억을 믿지 말라. 당신은 가공된 기억, 그게 아니라면 적어도 과장된 기억을 되새기고 있다. 이 사항은 다른 사람의 시선을 신경 쓰며 되새길 때에

불안을 다스리는 도구상자

도 해당된다. 그 역시 편향된 기억에 의존해 상대방의 마음을 멋대로 추측하는 행동일 가능성이 높다.

생각전환 : 당신은 현재 되새기는 기억이 있는가? 그것이 편향된 기억일 가능성은? 그다지 생각나는 사례가 없다면 그런 일이 떠오를 때 이 실험을 다시 해도 좋다. 다음의 질문에 대답해보라.

1. 당신이 현재 마음속에서 되새기는 기억은 무엇인가?
2. 현재 되새기고 있는 기억 속에서 진실이라 생각하는 사항에 관해 객관적인 데이터를 확인해보라. 가령, 앞에서 예로 든 모든 시험을 망쳤다고 생각하는 내 친구는 실제로는 단 한 번도 시험에서 떨어진 적이 없다.
3. 피드백을 받았던 당시보다 나중에 떠올릴 때 더 심각하게 받아들이지는 않는가? 작은 실수를 저질렀을 때, 그로 인한 악영향을 실제보다 더 나쁘게 생각하지는 않는가?

문제해결에 도움이 되는 고민과 되새김/두려움을 구별하라
당신이 똑똑한 사람이고 한평생 그 좋은 머리로 성과를 내온 사람이라면, 무엇인가를 궁리할 때는 당연히 심리적 고통이 수반된다고 생각하더라도 무리는 아닐 것이다. 하지만 불안은 부정적이고 편협하며 완고한 사고를 키우기 때문에, 고도의 불안을 느낄 때는 창조적인 문제해결법을 떠올리기 어렵다. 극도의 불안감에

싸인 사람은 그 두려움이 좋은 결정을 내리는 데 도움이 될 것이라 여기는 경향이 있다.[23] 그러나 되새김과 두려움은 숲을 보지 못하고 나무만 보게 하며, 결국 문제를 해결하기보다는 더 꼬이게 만든다.

당신이 생각하기에, 암에 걸릴 걱정을 많이 하는 사람일수록 자가 진단 및 종양 검사를 자주 하고 몸에 좋은 음식을 더 많이 챙겨먹을 것 같은가? 연구 결과에 따르면, 사실은 오히려 그 반대다. 두려워하고 되새기는 사람일수록 오히려 실천을 지연시키는 경향이 있다. 실제로 되새겨 생각하는 경향이 있는 여성은 그렇지 않은 여성에 비해 유방의 혹을 평균 39일 늦게 발견한다는 연구 결과가 있다.[24] 생각만 해도 끔찍한 일이다.

곰곰이 생각해보면, 두려움은 어떤 상황에 대처할 자신감이 결여되었을 때 주로 나타난다는 것을 알 수 있다. 가령, 첨단기술에 대한 불신 탓에 하드디스크가 고장날까봐 노심초사하는 사람이 모든 자료가 날아갈지도 모른다는 공포로 백업도 못하는 경우와 같다. 그러므로 두려움은 효과적인 문제해결을 하지 '못하게' 하는 경향이 있다. 내 경험상, 기술 공포를 반복적으로 되새기는 사람은 대부분 자료를 백업하지 않는다!

생각전환 : 두려움과 되새김이 유용한 행동으로 연결되는지 확인하고 싶다면, 일주일 동안 당신이 두려워하고 되새기는 데 사용한 시간을 체크해보라. 일주일이 너무 길게 느껴진다면, 이

불안을 다스리는 도구상자

틀(주말에 하루, 주중에 하루)도 괜찮다. 두려움이나 되새김을 하고 있다고 느껴지면, 거기에 소요된 대략적인 시간을 적어라. 이튿날 그 두려움과 되새김이 도움이 된 순간이 있으면 전부 적어라. 그리고 하나의 문제를 해결하는 데 들어간 고민의 시간이 얼마나 되는지 계산해보라.

자기비판을 줄여라

되새김을 줄이기 위해서는 필히 자기비판을 줄여야 한다. 자기비판은 되새김의 불씨에 기름을 붓는 격이다. 사람들은 흔히 앞으로 더 잘하라고 스스로를 독려하기 위해 자기비판을 한다. 가령, 폭식을 하고 나면 그 사실을 되새기며 대인관계가 끝장났다는 생각을 하는 등, 자신의 실수에 정신적인 매를 들기도 한다. 하지만 지나친 자기비판은 그다지 효과적인 동기로 작용하지 못하며, 앞으로 나아가는 데 방해가 된다. 하물며 이미 지난 일을 되새기는 상황에서는 더더욱 좋지 않다.[25]

행동의 동기로 자기비판을 즐겨 사용하는 사람은 대개 자기비판을 줄이면 자신이 게을러질 것이라고 생각한다. 하지만 사실은 그렇지 않다. 스스로에게 가혹한 말보다는 따뜻한 말을 건넬 줄 아는 사람이 더 열심히 무언가를 하게 된다. 한 연구 결과에서는 아주 어려운 시험을 치른 뒤에 격려와 위로의 메시지를 들은 사람은 그렇지 못한 사람에 비해 이후의 시험을 대비한 공부에 더

많은 시간을 투자한다는 사실을 보여주었다.[26]

그저 '스스로에게 너무 엄격해지지 말라'는 메시지를 당신 자신에게 주는 것만으로도 효과적인 문제해결에 한 걸음 다가간 셈이다. 당신의 감정(부끄러움, 실망, 속상함 등)을 솔직하게 인정하라. 그리고 자신에게 비판보다는 동정을 해주면 훨씬 더 좋은 결정을 내릴 수 있다. 자기연민은 좋은 결정을 내리는 데 필요한 심리적 여유 공간을 확보해준다.

생각전환 : 자기비판 대신 자기연민을 활용하는 2가지 연습을 하자. 하나는 과거의 실수를, 다른 하나는 자신의 가장 큰 약점이라 여기는 것을 대상으로 한다. 둘 중 하나를 정한 다음, 다음의 지시대로 3분간 글쓰기를 해보라.

지금 당장 해봐도 좋고, 후일 어떤 실수를 되새기거나 약점에 관해 고민하게 될 때까지 유보해도 좋다. 이 실험은 앞서 이야기한 '아주 어려운 시험'과 관련된 일련의 연구에 포함된 것이다. 그 연구에 동원된 사람들은 자기 자신에게 연민의 메시지를 보내는 훈련을 전혀 받지 않았다. 그런데도 연민의 대사에 자연스레 긍정적 반응을 보였다는 사실을 기억하라.

질문 : 실수를 저지른(혹은 약점을 고민하고 있는) 당신에게 동정 혹은 공감을 표하는 말을 건네야 한다. 당신은 어떤 말을 해주고 싶은가?

불안을 다스리는 도구상자

대답 : _____

불안하다는 이유만으로 자신을 비판하고 있지는 않은가?

'반드시 해야 한다'와 '절대로 안 된다' 같은 생각의 덫은 불안을 타고난 사람들의 공통적 문제다. 유형은 조금씩 다를 수 있지만, 이러한 생각은 사실상 모든 종류의 되새김을 강화하고 지속시킨다. 가령, '절대 그 누구도 실망시켜서는 안 돼'라는 생각은 과도한 책임감과 완고한 사고방식의 전형적 표본이다.

불안한 느낌에 자기 자신을 비판하고 있을 때에는 이와 같은 '반드시/절대로'의 덫에 빠진 것은 아닌지 살펴보라. 가령 '반드시 내 인생을 지금보다 더 잘 가꾸어야만 해'라든가 '그런 사소한 일에 짜증을 내면 절대로 안 돼' 같은 생각이 들 때는 그 불안이 논리적으로 참인지 거짓인지를 따지지 말라. 대신 불안에 떨고 있는 당신에게 당신 스스로가 이해와 동정의 말을 해주어라. 이렇게 생각하면 좋다. 괴물이 찾아올까봐 무섭다고 우는 아이가 있을 때, 아이를 달래주지는 않고 "이 세상에 괴물 따위는 없어"라고만 하는 어른은 없을 것이다. 당신에게도 이와 마찬가지 심정으로 위로를 건네면 된다. 사람들이 불안을 느낄 때 하기 쉬운 공통적인 실수는, 불안을 달래기 위해서는 대단히 큰 격려나 칭찬 혹은 일장연설이 필요할 것이라는 생각이다. 당신은 그런 실수를 하지 말기 바란다. 당신이 불안해하고 있다는 사실을 차분하게 받아들이고 위로의 말을 건네라. 이는 불안한 감정에서 빠르게 벗어나게 해주는 유용한 전략이지만 과소평가되고 있다.

생각전환 : 당신은 되새김을 반복할 때 불안함 때문에 지나치게 가혹한 자기비판을 한 적이 있는가? 그렇다면 다음과 같이 해보라. 당신 마음속 대화에서 모든 '절대로/반드시'를 '~하면 좋겠다'로 바꿔보라.[27] 가령, '지금쯤은 반드시 한 발이라도 앞서 있어야 해'라는 생각을 '지금쯤 내가 한 발 더 앞서 있으면 좋겠다'로 바꿔보는 것이다.

이 실험은 스스로에게 얼마나 더 친절하고 너그러워질 수 있는지 알아볼 간단하면서도 구체적인 실험으로서 여러 번 반복하면 좋다. 어쩌면 헛웃음이 나올 만큼 사소한 내면의 변화지만 분명히 효과는 있다. 그 변화가 당신의 불안을 크게 낮추지 못할 수는 있다. 하지만 당신 내면에 작은 심리적 여유 공간을 하나 마련해주는 것만으로도 되새김의 덫을 빠져나오는 데 큰 도움이 된다. 또한 가만히 고민만 하고 앉아 있는 것보다는 도움이 되는 행동을 시작하게 도와준다. 어떤 행동을 하든 간에, 실천은 당신을 되새김의 덫에서 꺼내줄 것이다. 그러면 부정적인 상황의 순환이 아닌 긍정적인 피드백의 순환(긍정적 생각 → 긍정적 행동 → 긍정적 생각)이 시작된다.

불안을 다스리는 도구상자

이메일은 순간적인 되새김을 하게 한다

이메일은 되새김을 유발하는 흔한 매개체다. 휴대폰 문자, 페이스북 댓글, 트위터 트윗도 마찬가지다. 이러한 종류의 커뮤니케이션에서는 모든 비언어적 신호와 맥락 단서(context cue : 대상의 해석에 영향을 주는 부수적 정보)가 제거된다. 이메일의 경우 비동기적 속성으로 인해 문제가 더 커지기도 한다.

가령, 어떤 사람에게 이메일을 보냈는데 답장이 오지 않으면 다음과 같이 생각할 수 있다. 그 사람이 내 메일에 관심이 없나? 혹시 특별취급하고 있다는 증거인가? 바쁜가? 습관적으로 답장이 늦는 사람인가? 답장을 받기 전에 다른 소식이라도 듣고 싶다. 지금도 메일에 쓴 내용을 생각중이다. 혹시 그 사람이 정신없는 상태는 아닐까? 메일함을 확인하지 않았나? 내 메일이 혹시 스팸으로 분류되었나?

이렇게 이메일과 관련된 생각을 되새기고 있을 때는, 답신이 없는 것에 그럴듯한 이유를 만들어내느라 섣불리 부정적 결과를 예단한 것은 아닌지 곰곰이 생각해보라. 다음의 생각전환을 지표로 삼으면 판단에 도움이 된다. 또한 천천히 숨쉬면 명료하면서도 유연한 사고를 잘 할 수 있다는 사실을 기억하고 활용해보라.

생각전환 : 당신은 이메일에 곧바로 답신을 받지 못해 되새김에 빠졌던 때가 있는가? 그 상황을 기억해 다음 질문에 대답해보라.

1. 당신이 예측한 최악의 경우는 무엇인가?

2. 당신이 예측한 최고의 경우는 무엇인가?

3. 가장 그럴듯한(현실성 있어 보이던) 예측은 무엇인가?[28] 만약 대답하기 어렵다면, 최고의 경우와 최악의 중간지점에서 적당히 골라 써라.

그런데 방금 돌이켜본 기억에서, 정작 메일에 답신이 늦은 진짜 이유가 무엇인지 혹시 아는가? 당신은 다른 사람이 왜 그렇게 행동했는지는 알지 못할 때가 많다. 이러한 되새김이 그다지 쓸모없는 이유이기도 하다.

당신은 다른 사람이
왜 그렇게 이상하게 행동했는지 몰라도 된다

사람은 어떤 사건이 벌어지면 그 이유를 궁금해하게 마련이며, 만약 이유를 찾지 못하면 만들어내기도 한다. 때로는 그 설명이 '개인화'되기도 한다. 여기서 개인화란, 어떤 사건의 실제 의미를 본인과 연관지어 해석하고 받아들이는 것이다. 가령, 직장 동료가 당신에게 무례하고 퉁명스럽게 굴었을 때 '나에게 화가 났나 보다'라고만 생각하며, '나와 관계없는 다른 일 때문에 정신이 없어서 그랬겠지'라는 생각은 하지 못한다. 천성이 불안하며 불확실한 상태를 못 견뎌하는 사람이 어떤 사건의 이유를 궁금해하며

불안을 다스리는 도구상자

되새기다 보면 이처럼 지극히 개인적인 해석을 내리기 쉽다. 이를 극복하기 위해서는 당신이 언제나 모든 사람의 행동의 이유를 알 수는 없다는 사실을 받아들여야 한다.

만약 어떤 사람이 평소와는 다른 행동을 한다면 그 이유는 대개 당신이 아니라 그 사람에게 무슨 일이 생겼기 때문이며, 당신은 앞으로도 그 이유를 알지 못할 확률이 높다. 이유를 모를 수도 있다는 사실을 받아들이면, 당신이 기억을 되새기며 고민하느라 허비한 시간을 몇 시간 혹은 며칠가량 줄일 수 있다. 때로 무엇이 문제였는지 확인하고 싶어 노력을 해볼 수도 있겠지만, 아마 대개는 그냥 내버려둘 수밖에 없을 것이다. 더 이상 되새김에 많은 시간을 허비하지 않기 위해 앞의 생각을 받아들이도록 노력하라.

생각전환 : 최근에 있었던 다른 사람의 알 수 없는 행동을 뒤돌아 생각해보니, 이유를 알려고 고민하는 것보다 차라리 모르는 체 넘어가는 것이 낫다고 생각한 적이 있는가?

마음챙김 명상[29]

마음챙김 명상(심리학계에서는 불교의 위파사나Vipassana 명상법을 주로 이렇게 번역한다 - 옮긴이)은 마치 타이레놀처럼 다방면의 증상에 효과를 보여주는 치료법이다. 이는 불안으로 인한 과도한 흥분을 감소시키며, 집중력을 올려주고, 되새김에 빠진 상태를 인지하게 해준다. 마음챙김에 기초한 치료법은 불안 감소에 효과가

있음이 여러 차례 증명되었다.[30]

마음챙김 명상이 어려울 것 같다고 지레 겁먹을 필요는 없다. 목표 관리 앱 리프트Lift의 개발사에 따르면, 초보자들의 첫 명상 시간은 3~5분 사이라고 한다.[31] 하지만 일단 명상 횟수가 12회를 넘어가면 90퍼센트 이상이 명상 생활을 지속하게 되었다고 한다.

생각전환 : 각각의 명상을 시도해보고 당신에게 맞는 명상의 형태를 찾아보라. 다음의 명상 연습 중에서 하나를 골라 3분가량 시도해보라. 그 후 하루 30초씩 시간을 늘려가면 된다.

- 호흡에 전신의 신경을 집중하라. 누운 채 손을 복부에 올려 숨을 들이쉬고 내뱉을 때마다 올라가고 내려가는 움직임을 느껴라.
- 앉거나 누운 채로 들려오는 모든 소리와 소리 사이의 침묵에 집중하라. 그 소리가 편하든 거슬리든 신경 쓰지 말고 그저 들려오는 대로 듣고 흘려라.
- 3분 동안 걸으면서 눈에 보이는 것에 집중하라.
- 걸으면서 피부에 닿는 공기의 느낌에 집중하라.
- 걸으면서 몸의 움직임을 느끼는 데 집중하라.
- 무엇이든 좋으니 내 주의를 끄는 대상에 3분 동안 모든 감각을 열어두라. 소리, 호흡, 의자에 닿아 있는 몸의 감각, 발바

닥에 전해지는 마룻바닥의 느낌, 무엇이든 지금 이 순간 내 주위를 끄는 것이면 된다.

- 고통, 긴장, 편안함, 이완 등 내 몸 안에서 일어나는 하나의 느낌에 3분간 주의를 집중하라. 대상이 되는 느낌을 억지로 바꾸려 하지 말라. 그저 자연스럽게 생겨나고 사그라지게 두어라.

당신의 마음이 집중하고자 하는 대상에서 멀어지려 할 때는 자책하지 말고 차분하게 되돌아오라. 명상을 하다 보면 이런 일을 많이 겪게 된다. 이는 자연스러운 명상 과정의 일부이며, 당신이 잘못하기 때문은 아니다.

명상을 정기적으로 하면서 차츰 시간을 늘려가면 더 많은 명상의 혜택을 누릴 수 있다. 하지만 솔직히 말하자면, 나도 바빠서 주로 안달복달하고 여유가 없는 등 심적으로 진정할 필요가 있을 때에만 명상을 활용한다. 당신도 나처럼 필요할 때에만 명상을 활용하고자 한다면, 우선은 30일가량 연습해 감을 익혀두어라. 일정 기간 동안 연습해두면 필요할 때 손쉽게 활용할 수 있다.

만약 이미 되새김이 시작되었거나, 과중한 업무에 치여 이런저런 생각이 주체할 수 없이 꼬일 때는 그다지 진정효과를 보지 못할 수도 있다. 하지만 그래도 안 하는 것보다는 낫다.

무작정 자책 말고, 선택지를 만들어라

어떤 문제 때문에 되새김의 굴레에 빠진 사람은 자신 앞에 어떤 선택지가 놓여 있는지 똑바로 보지 못할 때가 많다. 고민을 그만두고 문제해결을 위한 행동을 시작하기 위해서는 우선 할 수 있는 일이 무엇인지를 알아야 한다. 현실적으로 할 수 있는 일의 목록을 구체적으로 만들고 이 중에서 가장 최선이라 여겨지는 항목을 3~6개 사이로 추려라. 가령, 당신이 최근에 새로 뽑은 직원이 일을 잘 못한다고 가정해보자. 이때 '내가 왜 저 사람을 고용했을까?' 하고 자책하기보다는, 다음과 같이 그 시점에서 할 수 있는 일을 정리하여 선택하도록 하는 편이 좋다.

- 조금 더 기다려본다.
- 조금 더 단순한 일로 바꿔준다.
- 각 업무 단계별 체크리스트를 작성해준다.
- 함께 일할 동료를 붙여준다.
- 해고한다.

선택지를 만드는 것만으로도 되새김이 유발하는 스트레스를 어느 정도 경감하고 효과적인 문제해결을 유도할 수 있다. 이를 간단한 메모로 만들어 지니고 다니면, 과중한 선택의 압박에서 도망칠 일도 없다. 연구 결과에 따르면, 선택지가 3개보다 적거나 6개

보다 많으면 아예 선택 자체를 못하는 경우가 많다고 한다.[32]

생각전환 : 당신에게 현재 되새기거나 두려워하는 문제가 있다면, 이 상황에서 선택할 수 있는 최선의 행동을 구체적으로 3~6개 생각해 적어보라. 앞의 사례를 참고해 요점만 간략히 적어라. 이 방법은 모든 종류의 문제 상황에 응용할 수 있다. 내 친구 중에는 이 방법으로 사교적 만남을 늘려나간 이도 있다.

이때 주의하라. 혹시 '최선'이라는 단어 때문에 완벽주의 성향이 발동돼 아무것도 생각나지 않는다면 최선책이 아니어도 좋으니 아무거나 3~6개를 적어보라.

너무 강한 되새김의 덫에 빠졌을 때는
심상노출 기법을 이용하라

지나간 일을 계속해서 되새기고 있으나 그 어떤 도구와 전략도 통하지 않는다면, '심상노출'이라 불리는 기법을 이용해보라. 이는 임상치료 기법이므로, 개인에게 맞게 변용하지 말고 지시대로 따라해야 한다. 다음의 지시사항을 끝까지 읽고 시도해보라. 강도 높은 치료법이지만 효과는 아주 우수한 편이다.

심상노출은 당신이 되새기는 상황(가령, 직장 동료에게 실수를 지적당해 당황해하는 당신의 모습)을 생생하게 떠올리는 기법이다. 물론 일어나지 않은 일에 대한 두려움에 빠져 있을 때 써도 된다.

우선 당신이 되새기는 과거의 상황(혹은 두려워하는 미래의 상황)

의 모든 광경과 소리를 가능한 한 구체적으로 그려라. 어느 정도 냐면, 그때 당신을 신기하게 쳐다보며 웃는 사람들의 모습과 새빨개진 당신의 얼굴을 그대로 떠올려야 한다. 뿐만 아니라 그 당시 실내공간의 색깔, 온도, 창문을 넘어오던 햇살의 정도 등도 함께 떠올려라. 부끄러웠던 혹은 두려웠던 그 순간의 이미지를 생생하게 마음속에 떠올려라.

다음은 '불안증세는 억지로 회피하려거나 벗어나려 하지 않고 가만히 있으면 자연스럽게 가라앉는다'는 치료 원칙을 따른다. 마음속에 떠올린 이미지를 조심스럽게 유지하며, 처음 떠올렸을 때에 비해 불안감이 반(혹은 그 이하)으로 떨어질 때까지 기다려라. 숫자로 예를 들면, 처음 그 상황을 떠올렸을 때의 불안도가 10이나 8 정도였다면, 4 정도로 내려갈 때까지 마음속에 이미지를 계속 떠올려보라. 이 기법을 처음 시도했을 때 느낀 불안도의 최고 수치가 절반 이하로 떨어질 때까지 최소한 하루 1회씩 심상 노출 기법을 반복하라.

이와 유사한 노출 기법들은 오래전에 일어난 사건이 끊임없이 머릿속에 떠올라 괴로워하는 상황을 해결할 가장 강력한 수단이다. 하지만 심상노출 기법은 스스로 감당할 자신이 있을 때에만 활용해야 한다. 이 기법은 기억을 떠올려야 하는 사건이 최근의 것이건 오래된 것이건 모두 활용 가능하다. 하지만 실제 트라우마가 있는 기억을 떠올려야 한다면 그러한 기억을 다스리는 데

불안을 다스리는 도구상자

도움을 줄 수 있는 전문 치료사를 찾아가는 것이 상식적인 대처다. 트라우마가 있는 기억에 이 같은 노출 기법이 효과를 발휘하기 위해서는 기법을 실행하는 과정에서 과도한 감정에 휩싸이지 않도록 보살펴줄 경험 많은 치료사의 도움이 필요하다.

::   행동을 바꿔 되새김에서 빠져나오기

회피적 대처가 유발한 되새김에는 행동으로 대응하라

단지 어떤 일을 미루고 싶어서 되새김을 계속하고 있지는 않은가? 그럴 때는 어떤 것이라도 상관없으니 그 문제와 관련 있는 행동을 실천으로 옮겨야 되새김을 그만둘 수 있다. 대부분의 경우에 문제를 완벽하게 해결하지는 못해도 되새김의 덫에서 빠져나올 수는 있다. 가령, 한 통의 이메일이나 전화만으로도 되새김의 굴레에서 벗어나기도 한다. 회피적 대처가 유발한 되새김의 문제에 관해서는 8장에서 더 많은 정보와 전략을 다루고 있으니 참고하라.

되새김과 두려움을 키우는 습관을 버려라

당신 스스로가 되새김과 두려움이라는 불에 기름을 붓는 상황에서는 어떤 전략을 쓰더라도 효과를 거두기 어렵다. 그러한 종류

의 행동에는 자기비판이 있으며, 그 외에도 불필요한 재확인, 인터넷에서 헬스 정보를 찾는 데 몇 시간씩 허비하기, 페이스북의 지난 게시물을 강박적으로 확인하기 등이 있다.

일시적으로 불안에서 벗어나는 듯이 보이지만 실제로는 자꾸만 같은 일을 반복하게 만드는 습관에 주의하라. 그러한 습관에서 벗어날 수 있는 당신만의 인지행동치료법을 찾아야 한다.

아이디어는 떠오르는 즉시 기록하면
고민하는 시간이 줄어든다

스마트폰을 사용한다면 노트 앱을 이용해 아이디어가 떠오르는 즉시 기록하라. 이렇게 하면 나중에 그 아이디어를 떠올리느라 스트레스 받을 일이 줄어든다. 엄청난 생각이 떠올랐지만 그게 뭔지 기억나지 않아 좌절하는 상황을 예방해주며, 더 많은 아이디어를 떠올릴 정신적 여유 공간을 확보해준다.

다른 불안 해소 전략과 마찬가지로, 노트 활용 전략에 과도하게 의지하는 때를 주의해야 한다. 만약 당신이 노트를 쓸데없이 많이 작성하고 있다고 생각되거나, 적을 것이 없으면 불안해진다거나, 너무 많은 아이디어를 적은 나머지 그것들을 전부 실행하는 일에 스트레스를 받고 있거나, 정작 당신의 문제를 돌보지 못할 정도가 되었다면 진지하게 전문가에게 자문을 구해보라.

불안을 다스리는 도구상자

질문을 던져 되새김의 덫에서 빠져나와라

때로는 누군가에게 조언을 구하기 위해 질문을 하고 나면 곧바로 문제해결책이 저절로 떠오를 때가 있다. 당신도 그런 경험이 있는가? 그렇다면 이를 활용해보라. 이처럼 스스로에게 질문을 던져 당신을 끝없는 고민에 빠뜨리게 한 장애물을 제거해보라. 질문을 함으로써 새롭고 유용한 정보를 찾을 수도 있고, 질문하는 과정에서 생각에 새로운 자극을 받을 수도 있다.

심지어 쓸모없는 답변조차도 도움이 될 때가 있다. 문제를 다른 방향에서 접근하도록 새로운 시각을 제공해주기 때문이다. 때로 당신의 질문을 잘못 이해한 사람으로부터 전혀 상관도 없고 쓸모도 없는 대답을 받더라도, 그것이 당신의 질문을 예전보다 더 날카롭게 다듬어주기도 한다.

전화로 물어보거나, 조언자와 약속을 잡거나, 페이스북이나 온라인 커뮤니티에 질문을 올리거나, 질문을 받아줄 사람을 고용하여 질문을 던져도 된다. 가령, 나의 형부는 컴퓨터 프로그래밍을 독학으로 배울 때 언제든 막히는 부분을 물어보기 위해 경험 많은 프로그래머와 계약을 맺었다. 이는 꽤 훌륭한 전략이었으며, 실제로 대학 등록금을 내는 것보다 훨씬 싸게 먹혔다.

6장

완벽주의

지나치게 높은 기준 탓에
포기를 거듭하는 당신을 위한 전략

목표를 달성하기 위해 전력을 다하는 사람에게 최선의 시나리오는, 차질이 생겨도 원래 페이스를 유지하며 경험도 쌓고 성공의 기쁨도 맛보는 것이다. 하지만 불안과 결합한 완벽주의는 이를 저해한다. 이 장은 당신이 더 큰 그림에 집중할 수 있도록 이끌어주고, 불필요한 완벽주의의 함정에 빠지지 않을 대안 전략을 가르쳐준다.

다음 질문에 대답하면서 이 장이 당신과 얼마나 관련되는지 확인해보라. 당신에게 가장 맞는 항목을 고르되, 없으면 가장 비슷한 항목을 고르도록 하라.

1. 당신은 일을 만족스럽게 해내지 못했다는 걱정에 괴로워한 적이 자주 있는가?

Ⓐ 전혀 걱정하지 않는다.

Ⓑ 때때로 걱정한다.

Ⓒ 자주 걱정한다.

2. 당신은 큰 그림에서 보면 별것 아닌 일에 얼마나 자주 신경을 쓰는가?

Ⓐ 전혀 신경 쓰지 않는다.

Ⓑ 때때로 신경 쓴다.

ⓒ 자주 신경 쓴다.

3. 당신은 성과가 빨리 나오지 않아 좌절할 때가 있는가?
Ⓐ 없다. 혹은 거의 없다.
Ⓑ 때때로 있다.
ⓒ 자주 있다.

4. 당신은 다른 사람이 당신보다 뛰어난 능력을 보일 때 어떻게 반응하는가?
Ⓐ 나도 뛰어난 능력을 보이기 위해 노력할 것이다. 하지만 때로 다른 이가 나보다 더 뛰어난 모습을 보여준다고 해서 당혹해지지는 않는다.
Ⓑ 직장 동료의 성공에 사회적으로 비교당할 것 같은 불안감이 조금은 든다.
ⓒ 다른 누구보다 뛰어난 모습을 보여주지 못했을 때는 실패했다고 생각한다.

5. 당신은 규모가 크고 오래(2주 이상) 걸리는 일을 할 때 '내가 과연 할 수 있을까?'라는 생각이 들면 어떻게 대처하는가?
Ⓐ 휴식을 취한 뒤, 자신감을 회복하기 위해 비교적 쉽게 완료할 수 있는 작은 일부터 시작한다.

ⓑ 내 부정적 예측이 현실이 되지 않을까 걱정하면서도 일을 놓지 않는다.

ⓒ 우울감에 빠져 그 부정적 예측을 기정사실로 받아들인다. 그러고선 곧바로 스스로를 달래기 위해 인터넷 유머 사이트를 뒤진다.

6. 당신은 의지력을 얼마나 잘 관리하는가?

ⓐ 나는 항상 마음속 연료창고에 예비 의지력을 남겨놓는다. 덕분에 예기치 않은 상황이 찾아와도 평정을 유지할 수 있다.

ⓑ 다른 사람을 위해 내 의지력을 소비하지는 않지만, 마음속 연료창고가 자주 비어 있는 느낌을 받는다.

ⓒ 나는 자주 의지력이 바닥나 아무것도 할 수 없게 된다. 후회하면서 아이스크림 한 통을 다 비우거나 애인에게 화를 내기도 한다.

7. 당신은 하던 일에 스스로 회의감이 들기 시작하면 그 일을 마치지 않은 채로 다른 일에 손대기도 하는가?

ⓐ 아니다. 내가 하던 일을 중간에 그만둘 때는 자기회의가 들 때가 아니라 객관적 데이터에 근거해 좋지 않다는 결론이 나올 때다.

Ⓑ 때때로 그렇다.

Ⓒ 그렇다. 내 하드디스크는 하다가 그만둔 일로 가득하다.

다음은 당신이 가장 많이 선택한 항목에 대한 설명이다.

주로 A를 선택했다면?

당신에게 완벽주의는 큰 문제가 아니다. 당신은 의지력을 능숙하게 관리하며, 일의 우선순위를 파악하고 있으며, 차질이 생겨도 페이스를 잃지 않는다. 또한 관심 있는 일이라면 무엇이든 자신감을 갖고 뛰어든다. 설령 자기회의가 들더라도 일시적 현상이라 여기고 넘어갈 줄 안다. 이 장은 가볍게 읽고 넘어가도 좋지만, 관심 있는 부분이 있다면 잠시 살펴보라. 불안에 대처하는 능력을 향상시키는 데 도움이 되는 토막 지식을 얻어갈 것이다.

주로 B를 선택했다면?

당신의 의지력, 창의력, 자신감, 에너지를 관리하는 능력은 지금보다 더 향상될 여지가 있다. 당신은 대체로 능력에 자신감을 갖고 있는 편이지만, 동료의 성공을 보거나 일이 뜻대로 진행되지 않을 경우에는 어느 정도 자기회의를 느끼거나 적절한 대응을 하지 못하기도 한다. 이 장은 당신이 사소한 문제나 잠깐의 멈춤으로 주저앉았다가 일어나지 못하는 사태를 방지하고 더 큰 그림에 집중할 전략을 제공한다.

주로 C를 선택했다면?

검사 결과에 따르면, 당신은 중요한 일을 맡을 때나 일에 차질이 생길 때 이를 해결할 의지력과 자신감이 부족해 힘들어한다. 또한 자기회의적 생각이 들면 중도에 그만두거나 비효율적인 방식으로 강행군을 계속하는 등 엇나간 길로 빠지기 쉽다. 당신은 동료에 비해 뛰어난 성과를 거둘 때에만 자신감을 갖는다. 하지만 이 장에서 제시하는 도구와 전략을 활용하면 당신도 A를 주로 선택할 수 있다.

완벽주의는 불안문제를 유발할 위험요소로 분류된다.[33] 불안문제로 고통받는 사람 모두가 완벽주의자는 아니다. 하지만 당신이 완벽주의로 불안해한다고 생각하면 이 장을 읽어야 한다.

::   생각을 바꿔 불필요한 완벽주의를 극복하기

불안이 사고 과정에 영향을 미치면 우선순위를 잘못 파악하거나, 헛된 일에 기력을 소모하거나, 원하는 결과가 빨리 (혹은 지속적으

로) 나오지 않을 때 극도의 좌절감을 유발하는 잘못된 사고 패턴을 보이기 쉽다. 지금부터 그러한 사고방식의 메커니즘을 논의하겠다.

양자택일 사고방식을 버려라

'항상 완전무결하게 일을 처리해야 한다'는 생각은 불안한 완벽주의자들의 대표적 사고방식이며, 여기에는 '그렇지 않으면 나는 끝장이야'라는 전제가 깔려 있다. 이는 이른바 양자택일 사고방식의 전형적 유형이다. 이 사고방식에서 선택지는 완전무결한 성공과 아무것도 남지 않는 실패뿐이며 중간은 없다.

이러한 사고방식을 가지면 이상적 기준을 충족하지 못했을 경우에 좌절감을 느낄 뿐 아니라 완벽주의 때문에 아무것도 하지 못하게 된다. 여기 한 명의 화가가 있다. 그런데 이 화가는 자신이 앞으로 제2의 피카소가 되지 못하면 거리의 부랑자가 될 것이라 생각한다. 2가지 가능성 사이의 중간은 상상하지 못하는 것이다. 피카소도 부랑자도 아닌 그냥 화가가 되리라는 생각은 못하는 것이다. 당신에게도 그의 창의력을 막고 있는 커다란 생각의 벽이 보이는가?

'모든 일을 완전무결하게 해내지 못하면 다른 사람들로부터 인정받지 못할 것이다'라고 생각하는 사람은 양자택일의 전제가 조금 다르다고 볼 수 있다. 돌이켜 생각해보면 임상심리학 교육을 받던 시절의 내가 그렇게 생각하고 있었다. 나는 반쯤 무의식 중에 교육 과정에서 탈락하지 않기 위해서는 모든 수업의 시험과 과제에서 일등을 해야 한다고 생각했다.

이처럼 기준치를 과하게 높이 잡는 이유는 자신의 결점이 치명적이라고 생각하고 숨기려 하기 때문이다.[34] 이런 사람은 결점을 들키면 사람들로부터 배척당할 것이라 생각하며, 이를 방지하기 위해서는 언제나 남보다 탁월한 모습을 보여야 한다고 생각한다. 이 같은 생각이 머릿속에서 비약되면 '남들보다 우월해져야 하는 이유는 오로지 망하지 않기 위해서다'라는 결론에 도달한다. 이는 또다시 '앞으로 닥칠 재앙을 막기 위해서는 무조건 남들보다 우월해져야만 한다'는 믿음을 영속시킨다.

심리학자들은 가장 심각한 수준의 완벽주의를 '임상 완벽주의'라 부른다. 임상치료가 필요한 완벽주의자들에게 터무니없이 높은 기준치를 제시하면, 그들은 결코 높지 않은 수준이라 말하며 오히려 난이도를 더 올린다. 이렇게 살면 결코 평안함이라는 감정을 느낄 수 없다.[35]

하지만 내 말은 탁월한 일을 해낼 능력이 있는데도 일부러 수준을 낮춰서 그저 그런 목표를 설정하라는 뜻이 아니다. 내가 치료한 불안한 완벽주의자들도 대부분 목표 낮추기를 혐오했다. 그들은 타고난 성향상 적당히 할 만한 수준에 안주하지 못한다. 나는 완벽주의자인 당신에게 스스로 설정한 목표 기준을 조금 비틀어보는 전략을 추천한다. 이렇게 하면 기존과 비슷한 수준의 높은 목표(비록 더 크지는 않더라도)를 추구하면서도 완벽주의로 인해 야기될 문제를 예방할 수 있다.

생각전환 : 당신이 양자택일 사고방식 때문에 완벽주의의 덫에 걸린 것은 아닌지 자문해보라. 맞다면 다음과 같이 해보라.

1. 당신의 결점은 실제로는 당신이 생각하는 것보다 심각하지 않을 수 있다. 아마 다른 사람들도 당신의 결점을 그리 심각하게 생각하지 않을 것이다. 이처럼 당신 혼자만 심각하게 여기는 결점이 없는지 생각해보라.

2. 언제나 남들보다 우월한 모습을 보여주겠다는 목표는 현실적이지 않을뿐더러 그런다고 항상 최고가 되는 것도 아니다. 특히 당신이 똑똑한 사람들과 함께 일하고 있다면 더욱 그렇다. 때로 불안한 완벽주의자들은 사회적으로 비교당하고 회의감이 들까봐 대단히 뛰어난 사람들과 함께 일하기를 꺼린다. 하지만 강철은 강철로 연마할 수 있듯이, 똑똑한 사람끼리는 서로 아이디어를 자극해주는 관계가 될 수 있다. 그러므로 이를 기피하는 것은 일종의 자기태만이다. 당신은 비교당할 수 있는 사회적 관계를 꺼리는가?

3. 다른 사람에게 믿음을 주어라. 당신이 평소 뛰어난 성과를 자주 보여주었다면, 때로 그보다 못한 성과를 낼 때가 있다

불안을 다스리는 도구상자

고 해서 당신을 무시할 사람은 많지 않을 것이다.

'보여주기'보다는 '능숙해지기'에 집중하라

당신의 눈높이를 낮추지 않으면서도 완벽주의가 초래할 수 있는 문제를 예방할 방법이 있다. 무엇인가를 '보여줘야 한다'는 생각 보다는 무엇인가에 '능숙해져야 한다'는 생각에 더 집중하라. 그 러면 두려움은 줄고 회복탄력성은 강해지고 새롭고 좋은 아이디 어를 더욱 열린 태도로 받아들이게 될 것이다. 보여주기에 집중 하는 사람은 어떤 일을 잘할 능력의 증명을 가장 중요시한다. 이 에 비해 능숙해지기에 집중하는 사람은 무엇보다도 스스로의 능 력을 키우는 것을 우선시한다.[36] 이런 사람은 '좋은 모습을 보여 나를 증명해야 해'라기보다는 '이 기술을 완벽하게 내 것으로 만 들어야 해'라고 생각한다.

능숙해지기에 집중하면 일이 뜻대로 되지 않아도 계속 밀고 나가게 된다. 다음과 같은 상황을 떠올려보면 이해하기 쉽다. 아 담은 대중 토론에 능숙해지고자 노력한다. 그는 능숙해지기에 목 표를 두고 있기 때문에 가능한 한 토론 연습을 할 기회를 많이 확 보하고자 한다. 아담은 만약 토론이 잘되지 않더라도, 그럴 수 있 다고 인정하고 다시금 토론 연습을 더 하겠다고 마음먹을 것이 다. 아담은 꾸준히 대중 토론에 능숙해지겠다는 목표를 향해 걸 어갈 것이다. 그에 비해 보여주기에 목표를 둔 로브는 오로지 자신의 뛰어난 토론 실력을 보여주는 것에만 신경 쓴다. 로브는 그에게 잘 맞지 않는 스타일의 토론은 가급적 피하고, 확실하고 자신 있는 토론에만 참여한다. 만약 로브가 토론을 하다가 뜻대로 되지 않는 상황에 처하면, 그는 차츰 대중 토론에 참여하고 싶지 않을 것이다.

능숙해지기에 목표를 두면 실패에 크게 낙심하지 않는다. 오히려 자진해서 실수한 부분을 찾고자 한다. 또한 실수를 고쳐나갈 수 없다는 생각에 스스로를 지나치게 자책하거나 자신감을 잃는 사태도 방지할 수 있다.

능숙해지기를 목표로 하면 일의 우선순위를 정하기도 편하다. 능숙해지기라는 목표를 달성하는 데 도움이 되는 일이라면 수락하면 되고 그렇지 않으면 거절하면 된다. 경험을 쌓을 기회가 많아지면 어떤 결정을 내릴 때 자기만의 기준을 확립하기도 쉽다. 이는 불확실한 예측에 안절부절못하는 사람에게도 특히 유용하다.

생각전환 : 지금의 당신이 가장 능숙해질 필요가 있는 일은 무엇일까? 다음의 빈칸을 채워보라. 육아, 인터넷 쇼핑몰 매출 늘리기, 자산 투자, 자기연민 등도 목표가 될 수 있다. 당신이 능숙해지고 싶다고 마음먹은 목표에 근거해 다음 질문에 답하라. 답변은 가능한 한 구체적일수록 좋다.

나는 _____와 관련된 기술에 능숙해지는 것이 목표다.

불안을 다스리는 도구상자

당신이 능숙해지고자 하는 일에 종사하는 사람들은 다음과 같은 상황에서 어떻게 할까?

1. 실수했을 때, 차질이 생겼을 때, 낙담했을 때, 부정적 생각이 들 때 어떻게 행동할까?
2. 그들이 우선시하는 일과 나중에 해도 된다고 분류하는 일의 종류는 무엇인가?
3. 어떤 일에 엄청난 시간을 투자했지만, 결국 그 방법으로는 원하는 결과를 낼 수 없다는 사실을 깨달았을 때는 어떻게 행동할까?
4. 그들은 배운 기술을 어떻게 자신들에게 최적화시켰을까?
5. 불안할 때는 어떻게 행동할까?

성과를 과소평가하지 말라

불안한 완벽주의자들은 자신의 성과를 과소평가하는 경향이 있다. 레스토랑 셰프를 예로 들면, 미슐랭 가이드 별 1개 이하의 수상 실적에 대해서는 전부 "그리 대단한 것은 아닙니다"라고 말하는 것과 같다.

생각전환 : 당신이 과소평가하는 경향이 있는 성과 혹은 능력은 무엇인가? 당신이 실제로 거둔 성과나 가진 능력을 과소평가하지 말고 가급적 현실적으로 평가해보라. 조금 더 자신감이 생

기지 않는가?

성과는 한 걸음에 나오지 않는다는 사실을 받아들여라

당신은 생각만큼 빨리 성과를 내지 못해 안달난 적이 있는가? 내 이야기를 하면, 나는 졸업 후 런던에서 직장을 얻기까지 1개월이 걸렸다. 당시에는 그 시간이 영원처럼 느껴졌다. 나는 늘 걱정했으며, 수입이 없는 탓에 동전 하나까지 세어가며 돈을 썼다. 당시를 되돌아보면, 갓 졸업한 주제에 타국에서 1개월 안에 거뜬히 첫 직장을 얻으리라는 기대가 터무니없다. 하지만 당시에는 내가 제대로 된 길을 걷고 있다는 객관적 증거들이 보였다. 꽤 괜찮은 자리에 면접 요청이 여럿 들어오고 있었다. 불안감은 오로지 나 자신의 높은 눈높이 때문에 나오는 것이었다. 나는 어떤 일의 성과가 더디게 나오는 것 같아 참을 수 없을 때면 언제나 이때를 떠올린다.

성과가 빨리 나오지 않아 불안해할 때는, 무슨 일이든 결과를 도출할 때까지는 시간이 걸리는 법이며, 오랜 세월이 필요할 때도 많다는 사실을 받아들이는 연습을 해야 한다.

생각전환 : 스스로에게 다음 질문을 던져보라.

1. 당신은 결과가 나오기까지 오랜 시간 참고 기다려서 이득을 본 적이 있는가?

불안을 다스리는 도구상자

2. 당신이 제대로 된 길을 가고 있으며, 인내심을 가지고 꾸준히 계획적으로 일을 추진하다 보면 긍정적인 결과가 나올 것이라는 객관적 증거가 있었는가?

3. 과거의 당신이 이러한 자세를 적극적으로 받아들였더라면 그때 스스로에게 무어라 말해줬을까? 5장에서 언급한 자기 연민에 관한 내용을 떠올려보라. 잘 기억나지 않거나 그냥 넘어갔다면 다시 찾아봐라.

'무조건 더 열심히 해야 해'라는 생각을 밀어붙이다가 에너지를 소진하지 말라

불안한 완벽주의자들의 원대한 꿈과 특유의 성실함에 '남들보다 조금이라도 뛰어나지 않으면 끝장이다'라는 두려움이 첨가되면, 그들은 스스로를 몰아붙여 더 열심히 일하는 경향이 있다. 이들은 일이 뜻대로 되지 않으면 '더 열심히 하는 수밖에 없어'라는 잘못된 생각에 사로잡히고 만다.

　이러한 잘못된 생각은 불안한 사람들만의 전유물이 아니다. 가령, 계속해서 다이어트에 실패하는 사람도 이 같은 생각을 한다. 다이어트에 실패한 사람은 그 이유를 자신의 노력이 부족한 탓으로 돌리기 쉽다. 더 열심히 하겠다고 굳게 마음먹는 것 외에 다른 전략을 찾지 못하는 사람은 분명히 더 많은 성공을 거두고자 그렇게 한다. 하지만 이러한 생각이 덫이 되어 잘못된 전략을 밀고 나가면서도 좋은 결과를 바랄 때가 있다.

지금부터 그러한 생각의 덫에 빠졌다가 극복해낸 나의 사례를 이야기해보겠다. 나는 경험을 통해 매일의 글쓰기 목표를 750개 단어로 잡을 때 가장 좋은 글이 나온다는 사실을 깨달았다. 이보다 많은 양을 목표로 잡으면 피로를 느끼게 되고, 끝내는 글쓰기를 미루게 된다. 결과적으로 더 적은 양의 글을 쓰게 되는 것이다. 그 최소한의 기준만 채울 때가 가장 좋은 글이 나온다. 하지만 에너지가 떨어지기 시작하면, 이대로는 부족하다는 불안감에 목표를 올려 잡는 버릇이 있다. 내가 이 덫에서 빠져나오기 위해서는 휴식이 필요한 때를 인지하고 하루나 이틀 정도 쉬어야 한다. 물론 목표는 잊지 않아야 다시 시작할 수 있다. 나는 실패할 것 같은 불안감이 들 때면 이를 과로로써 갚아주고 싶은 충동이 든다. 하지만 참아야 한다.

이러한 패턴을 순서도로 그려보면 다음과 같다.

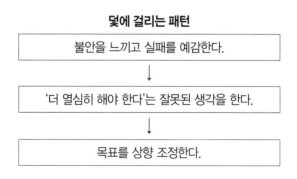

덫에 걸리는 패턴

불안을 느끼고 실패를 예감한다.

↓

'더 열심히 해야 한다'는 잘못된 생각을 한다.

↓

목표를 상향 조정한다.

↓
불안감이 더 커지고, 일이 쌓이기 시작한다.

좋은 패턴

불안을 느끼고 실패를 예감한다.

↓

'더 열심히 해야 한다'는 잘못된 생각을 한다.

↓

잘못된 생각의 덫에 빠졌음을 알아챈다.

↓

다시 시작한다. 목표는 여전히 나에게 가장 알맞은 수준으로 유지한다.

생각전환 : 당신이 덫에 걸리는 때와 그렇지 않을 때의 패턴을 앞과 같이 순서도로 그려보라. 순서도는 당신의 생각과 감정과 행동이 어떻게 연계되는지를 보여준다. 다음의 기본 순서도에 빈칸을 채워넣어도 된다.

덫에 걸리는 패턴

불안을 느끼고 실패를 예감한다.

↓

'더 열심히 해야 한다'는 잘못된 생각을 한다.

$\downarrow$

당신의 나쁜 행동 패턴 :

좋은 패턴

불안을 느끼고 실패를 예감한다.

$\downarrow$

'더 열심히 해야 한다'는 잘못된 생각을 한다.

$\downarrow$

잘못된 생각의 덫에 빠졌음을 알아챈다.

$\downarrow$

당신의 좋은 행동 패턴 :

자신의 고유한 인지행동을 순서도로 표현하는 기술은 고난도의 심리학적 기술이다. 그래도 연습을 거듭해 이 기술에 숙달하면 분명 많은 도움이 된다. 순서도를 이용한 심리 묘사는 이 책의 모든 내용에 응용할 수 있다.

'모 아니면 도' 사고방식 벗어나기

양자택일 사고와 마찬가지로, 모 아니면 도 사고방식도 중간을 보지 못하게 한다. 무엇이든 지나칠 정도로 열심히 하게 되든가, 아니면 아예 아무것도 하지 않게 된다. 가령 SNS를 시작한다고

하면, 페이스북, 트위터, 인스타그램 등 여러 가지를 동시에 시작하는 식이다. 이 경우 모든 SNS에 조금씩 쪼개서 소식을 올리거나, 아니면 압박을 느낀 나머지 모든 SNS를 그만두게 된다.

불안은 편협한 생각을 조장하기 때문에, 불안한 완벽주의자들일수록 이러한 덫에 취약하다. '아무것도 하지 않는다'를 택하면 새로운 시도를 하지 않게 되고, 그만큼 성과를 내지 못할 것이다. 하지만 '전부 다 한다'를 택하면 과중한 부담을 떠안게 되고, 그러다 지치면 실수를 하게 마련이다. 하지만 이 같은 생각이 틀렸음을 깨닫고 중간 지점을 찾을 줄 알면 불안은 크게 줄어든다. 불안한 사람 대다수가 가진 미래에 대한 부정적 편견 속에는 '모 아니면 도'라는 잘못된 생각의 덫이 도사리고 있다.

생각전환 : 지금 당신에게는 일을 크게 벌인 나머지 압박감이나 불안함을 느끼는 영역이 있는가? 전에는 미처 생각하지 못했던 '모와 도 사이'의 선택지를 만들어보라.

회피를 다루는 8장에서 이 내용을 다시 언급할 것이다.

'내게는 너무 어려운 일이야'라는 생각 벗어나기

불안한 완벽주의자들은 자신의 생각이 반드시 옳다고 여기는 경향이 있다. 그래서 '이건 내게 너무 어려워'라는 생각이 들면 쉽사리 이를 진실이라 수긍해버린다. 하지만 불안으로 인해 잘못된 경보가 울렸을 가능성은 고려하지 못한다. 기억하라. 불안한 성향을 타고났다는 것은 당신의 불안경보가 실제 존재하지 않는 위협에 잘못 울릴 때가 많다는 뜻이다.

생각은 생각일 뿐이다. 문제는 내 생각을 진실이라 여기고, 느낌과 사실을 혼동할 때다. 이러한 일이 벌어지는 이유는 일정 부분 기억의 편향성 때문이다. 뇌는 현재 기분에 과거의 기억을 맞추려는 습성이 있다.[37] 현재의 기분이 생각에 미치는 영향은 생각보다 커서, 기분이 좋지 않을 때는 일부러 당신의 뛰어난 능력과 재능을 증명해줄 만한 좋은 기억을 떠올리더라도 확신과 자신감을 얻지 못할 수도 있다. 당신의 뇌가 이런 식으로 작동한다는 사실을 알면 당신이 풀 죽어 있을 때 드는 부정적 생각을 어느 정도 덜어낼 수 있으리라. 기분이 좋아지면 자연스럽게 긍정적 생각이 찾아올 것이다. 그러므로 대개는 부정적 혹은 불안한 감정이 사그라지기를 기다리기만 해도 다시 자신감을 찾을 수 있다.

생각전환 : 당신은 '내게는 너무 어려운 일이야'라고 생각했지만 막상 해보니 할 만하던 경험이 있는가? 사례를 하나만 찾아보라. 반드시 크고 대단한 일을 찾을 필요는 없으며, 소소한 사례도 좋다.

뛰어난 아이디어에 많은 것이 필요하다는 생각을 버려라

불안한 완벽주의자들은 아주 높은 기대치를 충족한 사람들만이 좋은 아이디어를 낼 수 있다고 믿는 경향이 있다. 그들은 '21세

무렵부터 엄청난 가치의 벤처회사를 창업하지 못한 나 같은 사람은 뛰어난 아이디어를 창출해내지 못해. 평범하게 살 운명이야'라고 생각할지도 모른다. 당신은 이 말이 정말로 옳다고 생각하는가?

높은 기대치에 불안감이 더해지면 아이디어를 창출해내는 데 방해가 될 뿐이다. 이런 사람들은 '어째서 나는 아이디어가 떠오르지 않는 걸까?'라며 되새김의 덫에 빠진다. 자연히 불안감도 증폭되고 무엇 하나 쉽게 떠오르지 않는 상태가 된다. 당신이 완전히 새롭고 독특한 아이디어를 떠올려야 한다고 생각하면 할수록 아이디어는 떠오르지 않게 마련이다. 하지만 본래 새로운 아이디어는 언제나 기존의 아이디어로부터 나오는 법이다. 그러므로 당신이 가진 배경지식 안에서 새로운 아이디어의 단초를 찾는다고 생각하면 훨씬 머리가 잘 돌아갈 것이다.[38] 만약 새로운 아이디어를 떠올리는 일이 마치 백지에 그림을 그리는 것처럼 막막하게 느껴진다면, 이는 의심할 여지 없이 당신이 불안 때문에 아무것도 하지 못하고 있다는(혹은 회피하고 있다는) 증거다. 그럴 때는 다음과 같은 질문을 스스로에게 던져보라.

- 과연 이렇게 한다고 해서 답을 구할 수 있을까? 일말의 힌트라도 얻을 수 있을까?
- 내가 과거에 만든 괜찮은 성과물을 조금 변용해서 새로운 것

을 만들 수는 없을까?

- 2가지 개념을 결합해보는 건 어떨까? 할 수는 있지만 사람들이 쉽게 생각하지 못하는 것으로 말이다. 예를 들어, '크루아상 + 도넛 = 크루아넛'처럼.
- 다른 분야의 성공 사례를 내 것에 적용할 방법은 없는가? 예를 들어, 다른 분야 유명 파워블로거의 블로그 메인 화면을 당신 분야에 맞게 적용해본다든지.

::   행동을 바꿔 불필요한 완벽주의를 극복하기

이제 당신도 불안한 완벽주의의 덫에 빠지기 쉬운 편향된 사고방식의 공통점에 관해서는 꽤 잘 알게 되었으리라. 지금부터는 평온함과 자신감과 적극성을 유지하는 데 도움이 되는 행동의 전환 전략을 배워보자.

시간이 아닌, 의지력을 관리하라

불안한 완벽주의자들은 정신의 연료탱크에 여유분을 남겨두지 않고 모두 소진해버릴 때가 많다. 완벽주의자들이 자신들의 목표와 가치관에 위배되는 행동을 할 때는 시간이 없을 때가 아니라 의지력이 없을 때다.

                                                          불안을 다스리는 도구상자

나는 의지력을 컴퓨터 램RAM에 비유하기를 좋아한다. 램은 컴퓨터에 사용되는 기억장치의 일종으로, 사진이나 문서를 보관하지는 않지만 프로그램이나 어플리케이션을 구동하는 데 사용된다. 램이 감당하기 벅찰 정도로 많은 프로그램이나 앱을 동시에 구동하면 컴퓨터가 느려지거나 멈춰버린다. 당신도 즉각적인 결정을 내려야 하거나 무의식적인 반응을 통제해야 할 때를 위해서 항상 예비 의지력을 남겨놔야 한다. 그렇지 않으면 잘못된 결정을 내리거나 타인에게 날선 감정을 드러내기 쉽다.

다음은 더 많은 의지력을 확보할 수 있는 몇 가지 방법이다.

- 하루에 완료하고자 하는 업무를 아주 조금으로 줄여라. 당신에게 가장 중요한 일이 무엇인지 항상 염두에 두고, 그 하나의 일을 확실하게 끝내도록 하라. 함께 처리할 수 있는 비슷한 종류의 일(이메일 답장 보내기나 온라인 공과금 납부처럼)은 하나로 묶어서 취급하라.

- 일하는 속도를 늦추면 의지력을 보충할 수 있다. 《깨달음 : 불교에서 배우는 기쁨과 슬픔의 바다를 헤쳐 나가는 법》의 저자인 내 친구 토니 버나드 박사는 평상시에 비해 25퍼센트 정도 일하는 속도를 낮춰보기를 권한다.[39] 물론 항상 그렇게 하라는 말은 아니고, 다만 집중력이 흐트러지거나 힘이 든다고 느껴질 때만 해보라. 이런 식으로 속도를 늦추는 것

도 마음챙김 수련의 한 방법이다.

- 호흡을 늦추거나 5장에서 다룬 마음챙김 명상을 해도 의지력을 보충할 수 있다. 마음챙김 명상은 컴퓨터로 치면 완전히 종료되지 않고 백그라운드에서 돌아가고 있는 미사용 프로그램을 정리하는 것과 비슷하다. 마음챙김 명상을 통해 당신의 인지 영역을 깨끗하게 정리하면, 마음속에 남은 두려움이나 되새김 때문에 의지력이 고갈되는 사태를 예방할 수 있다.

- 의사 결정 상황을 줄여라. 많은 사람, 특히 운영 및 관리직에 있거나 아이를 키우는 사람은 끊임없이 무언가를 결정하며 살아가야 한다. 하지만 의사 결정도 의지력을 빨아먹는다.[40] 그러므로 어떤 방법이든 의사 결정이 필요한 상황을 줄일 방도를 찾아라. 단, 결정을 포기하는 것은 안 된다. 특정한 요일에는 언제나 같은 메뉴로 저녁을 차린다든지 하는 식으로 반복되는 일과를 만들어두면, 매번 비슷한 고민을 하느라 고생할 필요가 없다. 가능하다면 다른 사람에게 결정을 맡기는 것도 하나의 대안이다. 그들에게 당신의 몫을 분담하게 하는 것이다.

- 과도한 감각 자극을 줄여라. 가령, 소음을 차단하기 위해 문을 닫아두거나 우스꽝스러울 정도로 커다란 헤드폰을 쓰는 것이다. 이렇게 하면 과도한 자극을 걸러내느라 의지력을 소

불안을 다스리는 도구상자

모하지 않아도 된다. 당신이 남들보다 더 민감한 사람이라면 이 방법이 특히 주효할 것이다(관련 추가 정보는 2장 참조).

'너무 오래 붙잡고 있다'는 경계 신호를 알아차려라

불안은 사람의 생각을 좁고 경직되게 만들며, 때로 어떤 일을 너무 오래 붙잡고 있게 만든다. 불안한 완벽주의자들은 성향이 까다로운 편이며 끝내지 못한 일이 머릿속에 남아 있는 것을 싫어하기 때문에 특히 이러한 덫에 잘 걸린다. '붙잡고 있지 말고 내려놓을 때'임을 알려주는 정지 신호가 무엇인지 알아야 한다. 가령, 어떤 문제의 해결책을 찾기 위해 온라인 포럼을 검색했는데 30분이 넘어도 답이 안 나온다면 이를 정지 신호로 삼을 수 있다. 이는 계속해서 파고들기보다는 잠시 휴식을 취하는 편이 낫다는 신호일 수도 있다. 상대방을 설득하기 위한 대화가 10분이 넘어가는 것도 정지 신호의 좋은 예다. 당신 주장의 요점을 이런저런 방법을 동원해 설명했지만 여전히 바보 취급을 받고 있다는 뜻이니까.

어떤 일을 너무 오래 끌고 있다는 객관적이면서도 개인적인 경계 신호를 설정해두어라. 기준은 모호하지 않고 분명할수록 무시하기 어렵다.

의지력이 바닥날 때 쉬지 말고, 일이 잘되고 있을 때 쉬어라

앞서 언급했듯이 불안한 완벽주의자들은 의지력을 모두 소진해버릴 때가 많다. 당신이 모든 기력을 소진하고 움직일 수 없는 상태가 되어야만 비로소 일을 손에서 놓는 것도 그러한 성향을 가졌다는 증거다. 이 같은 상태에서는 일을 다시 시작할 마음이 쉽게 내키지 않는다. 그 일에 관한 가장 최근의 기억이 힘들고 지치고 잘되지 않는 상태로 남아 있기 때문이다. 우리는 모두 가장 최근의 기억을 두드러지게 기억한다. 당신도 일에 관련된 최근 기억을 기진맥진하거나 정체된 상태로 남겨두고 싶지는 않을 것이다.

에너지를 모두 소진해버려 일이 잘 안 풀리는 느낌을 받기 전에, 아직 의지력에 여유가 있고 일을 즐길 수 있는 상태에서 멈추는 시도를 해보라. 그 상태에서 전보다 더 좋은 선택을 하게 되는 것을 확인해보라. 예를 들면, 충실한 기분으로 하루 일과를 마치고 저녁 메뉴를 선택해보라.

통제권을 넘겨라

만약 누군가가 당신을 '만사를 제 뜻대로 하려는 사람'이라고 한다면, 이는 당신이 불안감 때문에 다른 사람에게 자율권을 부여하기를 망설이고 있으며, 통제권을 쥐고 있으려 한다는 뜻이다. 당신의 머릿속에는 아마도 '다른 사람이 내가 용납할 수 없는 수준으로 일을 망치면 어떻게 하나'와 비슷한 두려움이 있을 것이다. 혹은 당신이 일을 통제하는 방식이 '내가 할 수 있는 일은 스

불안을 다스리는 도구상자

스로 해야 한다'라는 생각의 연장에서 나온 '반드시'의 생각 오류에 젖어 있기 때문일 수도 있다. 그것도 아니면 도움을 요청하면 모자란 사람으로 비쳐질까 두려워하는 것이다.

당신은 감당하기 힘든 일을 다른 사람에게 맡겨보는 연습을 해봐야 한다. 가령, 당신이 컴퓨터 프로그래머이고 어떤 문제를 해결하지 못해 정체되어 있다고 한다면, 혼자서 해결하겠다고 고집부리며 시간을 끌기보다는 아웃소싱 전문업체에 의뢰를 하는 편이 나을 수 있다. 우선은 중요도가 덜한 작은 일부터 맡겨보고 경과를 지켜보라. 다른 사람에게 내 일을 맡긴다는 것은 앞일에 대한 불확실함을 견디고 때로는 불완전한 결과물도 감수해야 한다는 의미다. 외부 의뢰를 늘린 것이 결과적으로 좋은 투자가 되었는지 아닌지 전체적인 관점에서 측정해보라.

만약 다른 사람에게 일을 넘겼다가 오히려 불확실한 앞날에 대한 두려움을 참기 더 힘들어진다면, 당신의 감정을 차분하게 스스로에게 설명하라. 당신은 삶의 모든 영역을 조정하는 고삐를 손에 꽉 쥐고 있어야 안정감을 느끼는 사람임을 인정하라. 하지만 때로 그것이 당신을 지치게 한다는 사실도 받아들여라. 모든 것을 통제하려는 태도는 단기적으로는 불안을 감소시킬 수 있지만 장기적으로는 오히려 불안을 증가시키는 행동 패턴이라는 점을 유의하라. 너무 많은 것을 통제하고 제어하려는 태도는 일을 많이 할수록 챙겨야 할 것도 늘어나는 불안 패턴 중 하나다.

우리는 2장에서 주의경계가 유용한 경우와 불필요하게 과할 때를 구분했다. 이와 같이 통제도 필요할 때와 불필요할 때를 구분해야 한다. 물론 이 기준은 개인적이다. 가령, 집을 리모델링할 때는 업무 프로젝트를 관리하듯이 해야 마음이 놓이는 사람도, 결혼 준비를 그렇게 하면 스트레스를 받을 수 있다. 다시 한 번 자기 자신을 알아야 할 때다.

하나를 끝내기 전에 눈 돌리지 말라

모순처럼 들릴지 모르지만, 불안한 완벽주의자들은 어떤 일을 질질 끌다가 미처 끝내지 못한 상태로 다른 일에 손을 대기도 한다. 앞날이 불투명한 반신반의 상태를 견디지 못하는 완벽주의자들은 이처럼 여러 계획 사이를 오락가락할 때가 많다. 이들은 사업 구상, 지원금 신청, 취직, 영화 시나리오 작성, 1인 코미디 연습, 공작품 제작, 소설 쓰기 등 많은 계획을 세우고 시작하지만 그중 어느 것도 완료하지 못할 때가 많다. 그들은 하나의 계획에 대해 실현가능성을 판별할 정도로 충분히 진행해보지 않은 상태에서, 조금이라도 자기회의적 의구심이 들면 다른 계획으로 마음을 돌린다.

만약 당신이 이런저런 계획 사이에서 갈피를 잡지 못하고 방황하고 있다면, 이는 필시 당신이 하는 일이 어떻게 전개될지 알 수 없는 상황을 못 견디기 때문이리라. 이처럼 하나의 일을 끝내지

불안을 다스리는 도구상자

못하는 습관이 있는 사람은 앞일에 대한 의구심이 들 때 다른 일을 찾지 말고 하던 일에 진득하게 매달려 끝을 보는 편이 낫다.

이런저런 계획 사이에서 오락가락하는 횟수를 줄이기 위해서는 정보와 대안을 너무 많이 찾지 말아야 한다. 가령, 관심 있는 분야의 블로그를 잠시 끊어보는 것도 좋다.

°

7장

비판에 대한 두려움

타인의 반응에
쉽게 상처받는 당신을 위한 전략

피드백은 개인의 발전에 도움이 되지만, 불안한 사람은 이를 두려워하고 위협을 느낀 나머지 자주 기피하게 된다. 그러나 불안감에 피드백을 피하는 행위는 목표로 향하는 가장 빠른 길을 놔두고 더 먼 길로 돌아가는 것이다. 뿐만 아니라, 불안감을 유발한다고 해서 피드백을 아예 차단하거나 부정적으로 반응한다면 피드백을 준 사람과의 관계가 악화될 우려도 있다. 이 장은 이와 같이 흔히 겪는 피드백 문제를 해결하기 위해 작성되었다.

다음 질문에 대답하면서 이 장이 당신과 얼마나 관련되는지 확인해보라. 당신에게 가장 맞는 항목을 고르되, 없으면 가장 비슷한 항목을 고르도록 하라.

1. 당신은 피드백을 받기 전에 그 피드백이 얼마나 부정적일지 예상하는가?

Ⓐ 내 능력은 대체로 준수한 편이기 때문에 좋은 피드백을 받을 것이라 예상한다.

Ⓑ 부정적 피드백을 받을까봐 신경이 쓰이지만, 그 때문에 크게 충격받지는 않을 것이다.

Ⓒ 나는 피드백이 부정적일 것이라 예상하는 편이다.

2. 당신은 상사로부터 '열에 아홉은 아주 잘했지만, 개선할 부분

이 있다'는 피드백을 받았다. 이 경우 당신은 주로 어떻게 반응하는가?

Ⓐ 다음에도 좋은 피드백을 받기 위해 몇 가지 사항을 수정한다.

Ⓑ 전체적으로 긍정적인 피드백을 받았다는 사실에 흡족해하면서도, 부정적 지적에 조금 마음이 상한다.

Ⓒ 부정적인 지적 한마디에 사나흘 혹은 그 이상 괴로워한다.

3. 당신은 피드백이 부정적이어도 논리적으로 합당하다면 이를 받아들이고 적용할 자신이 있는가?

Ⓐ 나는 필요하다면 얼마든지 받아들이고 적용할 자신이 있다.

Ⓑ 나는 아마 한동안은 그 피드백을 속으로 되새길 것이다. 하지만 하룻밤 조용히 와인 한잔하며 드라마 몇 편 보고 나면 받아들이게 될 것이다.

Ⓒ 나는 크게 상처받고 어쩔 줄 몰라 할 것 같고, 그 말을 한 사람과 얼굴 마주치기 싫어질 것이다.

4. 당신은 부정적 피드백을 개인적으로 받아들이는 편인가?

Ⓐ 나는 피드백을 개인적으로 받아들이지 않는다.

Ⓑ 나는 개인적으로 받아들이는 편이지만, 스스로 그 사실

을 충분히 자각하고 있다.

ⓒ 나는 부정적 피드백을 받으면, 상대방이 내가 한 일이 아닌 나 자체를 싫어한다고 생각한다. 나를 인간으로서 싫어하는 것 같다고 느낀다.

5. 당신은 자신이 한 일에 피드백을 받는 것을 꺼리는 편인가?

Ⓐ 나는 피드백이 유용하다고 생각하며, 피하지 않는다.

Ⓑ 나는 특정한 영역에서는 피드백을 회피할 때가 있지만, 전적으로 피하지는 않는다.

ⓒ 나는 꼭 필요할 때만 피드백을 받는다. 치과에 가는 것보다 피드백 받기가 더 싫다.

6. 당신은 어떤 사람이 특별한 이유 없이 당신에게 이상한 행동을 했을 경우 주로 어떻게 대응하는가?

Ⓐ 나는 '나 때문이 아니라 그 사람 때문일 거다. 나는 그 행동의 숨겨진 이유를 알 리가 없으므로, 굳이 신경 쓸 필요 없다'고 생각한다.

Ⓑ 나는 '내가 뭔가 그를 기분 나쁘게 했나?'라고 걱정하며 그 상황을 무마하기 위해 대단히 친절하고 원만하게 행동하려 한다. 그리고 이틀 정도 더 걱정한다.

ⓒ 나는 그런 일을 엄청나게 신경 쓴다. 대체 그 사람이 왜 그

랬을까 하루 종일 고민한다.

7. 당신은 누군가에게 "이 청바지 꽉 껴 보여?"라고 물어볼 때 솔직한 대답을 바라는가?

Ⓐ 그렇다.

Ⓑ 그렇다. 하지만 표현을 완곡하게 해주면 좋겠다.

Ⓒ 정말 싫다.

다음은 당신이 가장 많이 선택한 항목에 대한 설명이다.

주로 A를 선택했다면?

당신은 피드백과 비판을 두려워하지 않으며 오히려 도움이 된다고 생각한다. 설령 부정적인 피드백에 조금 마음 상하는 일이 있어도, 이를 확대해석하지 않고 전체적인 맥락에서 생각할 줄 안다. 당신은 부정적 피드백에 잘 대처한 경험이 있으며, 앞으로도 그렇게 할 수 있다는 자신이 있다. 필요하다면 피드백을 받아들여 변화할 줄도 안다. 또한 부정적 피드백을 받았다고 해서 상대방이 당신을 싫어한다고 단정하지도 않는다. 이 장은 가볍게 훑고 넘어가면서 몇 가지 소소한 지식만 얻어가도 좋다.

불안을 다스리는 도구상자

주로 B를 선택했다면?

당신은 피드백을 부정적으로 예측하는 경향이 있다. 당신은 전반적으로 긍정적인 피드백을 받았어도 그중에 부정적 언급을 마음에 담아둔다. 항상 그러지는 않지만, 가끔 피드백을 개인적으로 받아들일 때도 있다. 이 장에는 당신이 피드백을 좀 더 편안한 기분으로 받아들이는 데 도움이 되는 조언이 많다.

주로 C를 선택했다면?

피드백은 당신에게 극도의 불안을 일으킨다. 마치 자신의 모든 것을 까발리고 무력화할 것 같다. 피드백이 부정적일 것이라 예상하며, 중점적으로 지적당한 문제를 수정할 자신감이 없다. 또한 부정적 피드백을 당신 개인을 향한 공격으로 인식한다. 당신은 피드백을 받으면 끊임없는 되새김에 빠져 벗어나지 못하는 것을 알기에 가급적 피드백을 피하려한다. 하지만 당신이 그토록 두려워하는 피드백 안에는 더 많은 기회가 숨어 있다. 이 장을 읽는다고 해서 당신이 피드백을 즐겨 받게 된다고는 말할 수 없다. 하지만 이 장에서는 당신이 피드백을 지금보다 훨씬 편안한 마음으로 피하지 않고 받아들이게 도와줄 전략을 제공한다.

- -

이 장은 비판에 민감한 당신을 정반대의 사람으로 바꿔놓지는 못한다. 다만 당신이 타고난 성향에 맞추어 살면서도 피드백을 지금보다는 덜 피할 수 있도록, 때로는 상처받을 것 같은 느낌이 들지라도 피하지 않고 받아들이는 법을 알려줄 것이다. 당신의 피드백 공포를 키우는 잘못된 생각이 무엇인지 설명하고, 피드백의 불편함보다 외부의 조언으로 얻는 이득이 큰 경우를 가려낼 인지 행동 실험을 할 것이다.

:: 생각을 바꿔 비판을 조금 더 편안하게 받아들이기

이번에 다룰 생각전환은 피드백을 피하게 되는 사고방식의 메커니즘을 이해하고, 편향된 생각을 바로잡기 위한 것이다.

피드백에서 받는 혜택에 생각의 초점을 맞춰라
불안에 빠진 사람은 피드백을 대단히 고통스러운 심리적 고문처럼 생각하기 쉽다. 하지만 피드백에서 얻는 혜택을 향해 생각의 무게 추를 조금만 움직여보면 어떨까?

피드백은 당신이 잘한 일을 찾아줄지도 모른다. 당신이 별것 아니라고 생각한 것이 다른 사람 보기에는 엄청난 장점일 수 있다. 그리고 피드백을 받아서 결과물이 좋아진다면 성과도 더 좋아질 것이다. 작은 팁 하나가 작업 능률을 개선해줄 수도 있다. 전혀 시도해보지 않았던 방향에서 더 마음에 드는 새로운 아이디어를 발견할 수도 있다. 뿐만 아니라, 피드백은 당신이 끙끙대고 있던 문제를 해결할 새로운 시각을 제공해주기도 한다. 피드백 제공자가 당신이 현재 겪고 있는 문제를 먼저 경험해봤다면 도움이 될 만한 정보를 알려줄 것이다. 마지막으로 피드백을 해주는 사람과 유대감이 형성되어 관계가 더 가까워질 수 있다.

생각전환 : 다음 2가지 중 하나를 선택하거나, 둘 다 해보라.

1. 부정적인 피드백을 받았지만 실제로는 도움이 된 구체적 과거 사례 하나를 떠올려라.
2. 앞에서 제시한 피드백에서 받는 혜택을 보면서, 당신이 경험한 상황이 있으면 구체적으로 적어보라.

피드백을 회피할 때 생기는 손실을 인식하라

피드백을 회피할 때는 피드백이 주는 이로움과 받지 않음으로써 생길 손해를 미처 생각하지 못한다. 가령, 어떤 사람이 자신이 만든 물건에 대해 오랫동안 사람들의 평가를 궁금해왔다고 하자. 당신은 그 사람이 피드백을 받고 괴로워하는 것이 나아 보이는가? 아니면 피드백을 받지 않고 손해를 보는 것이 나아 보이는가? 만약 차라리 손해를 보는 것이 낫다고 생각한다면, 당신은 그 편향된 생각을 고치기 위해 노력해야 한다. 앞서 망설임을 논의한 장에서, 불안한 사람은 무엇인가를 시도했다가 발생할 손해를 아무것도 하지 않아서 발생할 손해보다 크다고 여기는 경향이 있다고 했다. 당신이 가진 편향된 생각도 이와 같은 유형이다.

생각전환 : 다음 질문에 대답하면서, 피드백을 회피할 때 발생할 수 있는 손해를 더 큰 그림에서 생각하도록 하자. 각각의 질문마다 구체적인 사례를 하나씩 적어라. 마땅한 답이 떠오르지 않는다면 하루 이틀 정도 질문을 묵혀두어도 좋다.

- 당신은 초기에 피드백을 받지 않았다가, 잘못된 길을 한참 걸어온 다음에야 '좀 더 일찍 피드백을 받았더라면' 하고 후회한 적이 있는가? 언제 그랬나?
- 당신은 부정적 피드백을 걱정할 이유가 하나도 없었다는 사실을 뒤늦게 깨달은 적이 있는가? 그것이 쓸데없는 걱정이었음을 깨닫는 데 얼마나 오래 걸렸는가? 어떤 경우에 그랬나?
- 당신은 예상한 대로 부정적인 피드백을 받았지만, 생각한 것보다는 훨씬 가벼운 지적이었던 경험이 있는가? 또한 지적받은 사항을 수정하기가 생각보다 힘들지 않았으며, 별 이유 없이 불필요한 걱정을 했다는 사실을 깨달은 적이 있는가?
- 당신은 부정적인 피드백을 받아야 할지도 모른다는 이유로 괜찮은 제안을 거절한 적이 있는가?

불안을 다스리는 도구상자

피드백에 대한 두려움을 과장하지 말라

불안한 사람이 피드백을 회피하는 이유 중 하나는 자신의 능력을 타인보다도 더 혹독하게 평가하기 때문이다.[41] 불안할 때는 어떤 피드백이든 부정적일 것이라고 추측하게 된다. 이는 바로 부정적 예측의 오류다.

며칠 뒤에 있을 발표를 앞두고 프레젠테이션에 피드백을 받아야 할 상황이라고 가정하자. 당신은 프레젠테이션이 엉망이고 무엇 하나 특출한 부분이 없어 보인다는 호된 비평을 받을 것 같은 두려움에 휩싸여 있다. "정말 그렇게 생각하나?" 하고 묻는다면 아마도 "나는 99퍼센트 그렇게 느낄 것이다"라고 대답할 것이다. 하지만 "실제로 그런 결과가 나올 확률은 얼마나 된다고 생각하나?" 묻는다면, 당신은 아마도 "객관적으로 50퍼센트 정도 되지 않을까?"라고 말할 것이다. 그 50퍼센트라는 수치 역시 과장되었을 확률이 높지만, 이것만으로도 당신의 머릿속에서는 이미 발상의 전환이 시작된 것이다. 즉, 당신은 불안 때문에 판단력이 조금 흐려진 상태인 것이다.

똑같은 질문을 단지 불안한 마음을 가졌을 때 물었느냐, 객관적 태도를 지녔을 때 물었느냐의 차이에 따라 생각이 변할 수 있다는 사실이 이상하게 여겨질 수도 있다. 하지만 이것은 그리 근거 없는 소리가 아니다. 질문의 종류에 따라 어떤 대상에 대한 생각이 바뀔 수 있음을 증명하는 연구 결과는 수도 없이 많다. 일례로 나는 박사학위 연구에서 연인관계에 있는 사람들에게 그들의 상대방을 평가해보게 했고, 이를 객관적 실제 평가와 비교했다. 연구에 참여한 사람들은 상대방의 능력을 객관적으로 검증된 범위보다 더 뛰어나다고 인식했다.[42]

생각전환 : 당신의 현재 삶에서 피드백을 받으면 좋을 것 같지만 피드백을 기피하는 영역이 있는가? 다음 질문에 대답해보라.

- 내가 부정적인 피드백을 받을 확률이 얼마나 될 것 같은가?
- 내가 '실제로' 부정적인 피드백을 받을 확률은 얼마나 되는가?

부정적 피드백에 대처할 당신의 능력을 믿어라

사람의 눈에 사각지대가 있는 것처럼 인식에도 사각지대가 있다. 때문에 사람이라면 누구나 더 좋은 것을 보지 못하고 좋지 않은 선택을 할 때가 있다. 비유하면, 당신은 잘 차려입었다고 생각하지만 실제로는 아닌 경우와 같다. 또는 윗사람의 속마음을 눈치챘다고 생각했지만, 나중에 지시가 내려오고 보니 전혀 다른 의도를 가지고 있었음을 깨닫는 것과 같다. 우리 모두는 인식의 사각지대를 가지고 있기에, 때로 실수를 하거나 부정적인 피드백을 받을 때도 당연히 있는 것이다. 그러므로 혼자 동굴 속에 숨어 살 계획이 아니라면 부정적인 피드백을 받았을 때 감정적/인식적 측면에서 어떻게 응수해야 할지 미리 정해두어야 한다. 행동차원

불안을 다스리는 도구상자

의 전략은 뒤에서 다루기로 하고, 지금은 인식과 감정 측면의 대응책을 논의해보자.

생각전환 : 부정적인 피드백을 두려워하는 상황을 구체적으로 떠올려보라. 만약 실제로 부정적인 피드백을 받으면 어떻게 할 것인가?

- 지적받은 사항을 수정하기 위해서는 어떻게 해야 할 것인가?
- 비판을 그렇게 민감하게 받아들일 필요가 있을까? 어떻게 하면 속상해하며 자신을 비난하기보다는 부드러운 말로 달래줄 수 있을까? 어떻게 하면 좋지 않은 기분이 드는 것을 막을 수 있을까?
- 감정적 상처와 실망감이 누그러질 때까지 시간을 보낼 만한 일이 없는가? 예를 들어, 오래전 방영됐던 드라마 다시 보기? 아주 적절한 선택이다.[43]
- 당신의 감정을 다스리기 위해 누군가에게 개인적 도움을 요청할 수는 없는가? 친구에게 이야기를 들어달라고 부탁하는 것도 좋다.

애매한 피드백에 혼란스러워할 때를 자각하라

불안 때문에 피드백을 잘못 해석할 때가 가끔 있다. 사람은 불안을 느끼면 애매한 정보(혹은 피드백이 부족할 경우)를 부정적으로 해석하는 경향이 있다.[44] 가령, 직장에서 무언가를 요청한 뒤 상사로부터 "하루 이틀 뒤에 답을 주겠다"는 말을 들었을 때 이 말을 거절의 의미라고 해석할 수 있다. 꾸밈없는 간결한 피드백을 받으면 이를 '내가 한 일을 별로라고 생각하나보다'고 해석하는 것도 비슷한 사례다. 보통은 "고마워요. 정말 잘했어요"라고 하던 사람이 "고마워요"만 했다고 부정적으로 해석하는 것이다.

생각전환 : 애매한 피드백을 받았거나, 부정적 피드백이 올 것 같다고 예상하는 상황에서 섣불리 부정적 결론을 내려버린 사례를 떠올려보라.

부정적 피드백을 과장해서 해석할 때를 자각하라

불안 때문에 피드백을 잘못 해석하는 경우가 하나 더 있다. 불안한 사람은 가벼운 부정적 피드백도 굉장히 심각한 것으로 확대해석하거나 혼란에 빠질 때가 있다. 때로는 피드백을 받을 당시에는 심각하게 느껴졌지만, 다음 날 다시 내용을 살펴보면 그렇지 않은 경우가 많다.

생각전환 : 부정적인 피드백을 받고 큰 혼란에 빠졌지만, 실제로는 그다지 심각한 문제가 아니었던 기억이 있는가?

피드백은 되도록 개인화하지 말라

되새김을 다룰 때도 문제를 개인화하지 말라는 언급을 한 적이 있다. 하지만 피드백을 개인적으로 받아들이는 실수는 워낙에 흔한 문제이기 때문에 다시 한 번 되짚어보겠다. 나는 내가 한 요청에 '안 된다'는 대답을 듣는 것도 일종의 피드백이라 생각하며, 앞으로 이를 피드백의 범위에 포함할 것이다. 가령, 당신이 상사에게 어떤 학회에 참여하고 싶다고 요청했지만 '안 된다'는 답을 들었다고 해보자. 당신은 자신에게 문제가 있기 때문이라고 생각할지 모르지만, 실상은 예산 문제일 가능성이 더 크다.

또 다른 사례를 들어보겠다. 당신은 평소 주장이 강한 사람이 아니다. 그런 당신이 용기를 내어 상사에게 아이디어를 건의했는데, '그건 아니다'는 답을 들으면 참담한 기분이 들 것이다. 그 부정적 감정이 방아쇠가 되어 전에는 하지 않던 '상사는 우리 사무실에서 가장 모자란 사람이다'라는 생각을 하기 시작할 것이다.

이렇듯 피드백을 개인적으로 받아들이는 태도를 극복하기 위해서는 2가지 생각의 전환이 필요하다. 첫 번째는 마음챙김 명상이다. 무슨 일이 벌어졌든 간에 개인적으로 받아들일 필요가 있는지 생각해보는 연습을 해야 한다. 두 번째는 부정적인 피드백을 줬다고 해서 꼭 그 사람이 당신을 싫어하거나, 당신의 능력을 인정하지 않거나, 당신의 가능성을 몰라보는 것은 아니라는 사실을 깨달아야 한다.

생각전환 : 당신은 다른 사람들이 당신의 재능과 능력을 너무 높이 평가한다고 생각한 적이 있는가? 다른 누군가로부터 받은

후한 평가를 별것 아니라고 생각한 경험이 있으면 떠올려보라.

적대적 편견을 자각하라

불안과 스트레스가 있으면 적대적 편견에 빠지기 쉽다. 적대적 편견이란, 다른 사람들이 자신에게 적의를 갖고 있을 것이라 쉽게 단정하는 일종의 개인화다.[45] 가령, 주위 사람들이 웃고 있으면, 그들이 당신 때문에 웃는 거라고 생각하는 것이다. 대개는 주위를 한번 둘러보고 바지 지퍼가 내려가지는 않았는지 확인해본 뒤 자신이 웃음거리가 될 이유가 전혀 없다는 것을 확인하고는 그냥 넘어가게 마련이다.

적대적 편견은 직장 등 단체 환경에서 부각되기 쉽다. 가령, 당신에게 자꾸 이런저런 훈수를 두는 사람이 있는 경우다. 당신은 경험상 이러한 훈수는 트집 잡기나 비난에 가깝다고 생각한다. 당신은 아마 '저 사람은 나한테 왜 이리 까칠하지?'라며 불안해하거나 화를 낼 것이다. 그 생각이 맞는지 틀리는지는 크게 중요하지 않다. 중요한 것은 그런 생각을 갖게 되면 때로 세상에 홀로 있는 듯 외로움을 느낄 때가 있다는 것이다.

생각전환 : 당신은 어떤 때에 적대적 편견에 사로잡히기 쉬운가? 직장 동료가 당신의 보고서에서 그다지 중요하지 않은 오자를 지적하는 경우를 예로 들어보자. 이 경우, 적대적 편견을 대체할 생각은 무엇인가? 그 동료가 당신에게 도움이 되고 싶어서, 혹

은 그의 개인적 문제(오탈자에 강박증이 있다든가)라고 생각해보면 어떨까?

적대적 편견이 있을 때는, 분노의 감정이 단 2초 만에 최대치로 올라가기도 한다. 진화론적 관점에서 보면 분노는 생각을 멈추게 하고 행동을 촉구한다. 때문에 분노에 휩싸여 있을 때는 다른 생각을 떠올리기 어렵다. 그러므로 적대적 편견에 심하게 빠져들 때, 이를 멈추기 위한 가장 좋은 방법은 숨을 천천히 쉬며 육체적 안정을 취하는 것이다. 그런 뒤에 바로 다음에서 논의할 행동 전략 '준비된 답변'을 이용해보라.

:: 행동을 바꿔 비판을 조금 더 편안하게 받아들이기

다음의 행동 전략들을 앞에서 논의한 생각의 전환 전략과 함께 사용해보라.

피드백에 관한 준비된 답변을 만들어두라

준비된 답변을 이용하면 당황하는 모습을 보이지 않고 피드백에 대한 생각을 처리할 시간을 벌 수 있다. 다음 예시를 참고하라.

- ~에 관한 말씀은 좋은 지적이라고 생각합니다.

- 말씀해주신 사항을 모두 검토해보겠습니다. 살펴보고 생각할 시간을 주십시오.
- 흥미로운 관점이라고 생각합니다.
- 이 사항을 어떻게 적용해야 할지 고민해보겠습니다.
- 현 상황에서 최선의 방책이 무엇일지 생각해보겠습니다. 정리해서 이메일로 보내드리겠습니다.

준비된 답변은 반드시 상대방이 언급한 합당한 지적을 대체적으로 수긍하며 조만간 그 내용을 수용하겠다는 뜻을 내비쳐야 한다. 하지만 때로는 당신이 미처 생각하지 못한 부분에 놀라움을 표시하는 것도 괜찮다. 다음 예시를 참고하라.

- 그 생각은 미처 해보지 못했습니다. 정말 괜찮은 생각이군요. 신선한 자극이 되네요. 고맙습니다.
- 멋진 생각이네요. 당신과 대화할 때면 새로운 시각을 자주 배우게 되는군요.

만약 당신이 자기만의 눈높이가 대단히 높은 사람이라도, 이럴 때만큼은 평소보다 자신의 맹점을 수용하는 태도를 보여주는 편이 좋다.

피드백을 침착하게 받아들이는 척하라

부정적인 피드백을 받으면 거부하고 싶을 때가 있다. 화가 나거나 실망할 때도 있다. 하지만 이럴 때도 가급적 침착한 태도를 보이면 좋다.[46] 달리 말하면, 시간을 벌기 위해 우선 받아들인 척이라도 하라는 말이다.

일부러라도 침착한 태도로 행동하면 실제로도 빠르게 안정을 찾을 수 있다. 부정적인 피드백을 받고 불안해진 나머지 마음에 벽을 치고 싶어질 때면, 이런저런 몸짓을 자꾸 해보라. 비록 당신의 마음은 그렇지 않더라도, 겉으로는 침착하게 받아들이고 있다는 비언어적 신호를 보내는 것이다. 어깨를 늘어뜨리거나, 손을 들어 올리거나, 가볍게 눈을 맞춘다거나, 손을 편안하게 풀어보라. 당신의 머리와 가슴은 이런 몸짓이 보내는 비언어적 신호를 즉시 알아챌 것이다. 완벽하게는 아니라도 어느 정도 긴장을 풀어주는 효과가 있다.

당신만의 슈퍼비전을 받아라

불안한 사람은 대체로 자신의 재능을 인정해주고 호감을 가져주는 사람에게 일대일로 피드백을 받을 때 가장 편안한 태도로 수긍한다.

이러한 피드백을 받기 위해서는 당신만의 슈퍼바이저를 만들어두는 방법이 가장 좋다. 슈퍼비전이란 심리학자나 상담사가 같은 직종의 사람에게 1개월에 한두 차례 정기적으로 받는 업무 지도를 뜻한다. 슈퍼비전을 받는 사람들은 슈퍼바이저에게 어렵고 복잡한 문제를 해결하기 위해 어떤 사고 과정을 거치는지 설명한다. 때로는 개인적 문제가 업무에 미칠 영향과 이를 예방할 방법을 물어보기도 한다.

가끔은 수십 년 경력의 심리학자도 슈퍼비전을 받는다는 사실이 이상하게 느껴지기도 한다. 하지만 슈퍼비전은 아무리 재능이 출중하고 경험이 많은 사람일지라도, 사람이라면 누구나 인식의 사각지대를 갖고 있다는 전제 위에 수립된 전통이다. 대개 슈퍼바이저는 슈퍼비전을 받는 사람의 직접적인 관리자는 아니다. 보통은 다른 조직에 속해 있는 동업자 혹은 선배다.

슈퍼바이저는 그들에게 지도를 받는 심리치료사가 환자에게 최적의 솔루션을 제공해줄 수 있도록 도와주는 사람이라는 점에서 멘토와 다르다. 바꿔 말하면, 치료사의 이익보다는 환자의 이익을 위하는 사람이다. 당신의 직장에서 업무 시간 중에 슈퍼비전과 같은 유형의 지도를 받을 수 있는지 잘 살펴보라. 만약 슈퍼비전이라 명명할 수 있는 활동이 가능하다면, 이를 가급적 당신의 경력 쌓기가 아닌 현재 업무에 활용하라. 상사로부터 인정받을 확률이 올라갈 것이다.

당신의 능력을 존중해주는 사람에게서 피드백을 받는 경험을 쌓으면, 피드백에 대한 포용력이 증가하고 피드백을 덜 피하게 된다. 이와 같은 환경을 구축해두면, 업무상 최상의 생산성과 의사 결정 능력을 유지하는 데 저해되는 요소를 좀 더 솔직하게 인정하고, 현실적으로 생각하게 해준다.

샌드위치 기법을 연습하라

피드백을 받을 때, 가능하면 '샌드위치' 형태로 해달라고 부탁해보라. 샌드위치 기법은 '잘한 점 – 문제점 혹은 위험성 – 그 외에 다른 좋은 점'과 같은 순서로 피드백을 주는 것이다. 이와 같은 형태로 피드백을 주고받을 수 있도록 하라. 샌드위치의 진짜 내용물인 쓴소리를 효율적으로 받아들이기 위해 앞뒤로 먹기 좋은 빵(좋은 소리)을 얹어놓는 기법이다. 비록 가식적이지만, 대부분의 사람들은 자신을 인정해주는 표현을 먼저 들으면 피드백을 훨씬 쉽게 받아들인다.

시험 삼아 작은 피드백을 받아보라

불안한 사람은 대대적인 피드백을 받기 전에 소규모 피드백을 먼저 받아볼 필요가 있다. 웹사이트 구축을 예로 들면, 우선 3명 이내의 사용자만으로 테스트를 해보는 것과 같다.

만약 당신이 부정적 피드백에서 받은 상처를 회복하는 데 시간이 걸리는 편이라면, 이처럼 작은 피드백을 적극적으로 받아들여야 한다. 시험 삼아 작은 피드백을 받아보는 일은 피드백에 대처하는 능력을 함양하기 위한 경험을 쌓는 데 무척 유용하다. 또한 일을 진행할 때 스스로에게 조금 더 너그러운 태도를 갖게 해준다.

8장

회피

중요한 일 앞에서
고개를 돌리는 당신을 위한 전략

하고 싶은 일을 앞두고 머뭇거리는 증상에 관해서는 이미 4장에서 다루었다. 이 장에서는 반드시 해야 할 일이지만 그다지 내키지 않아 회피하는 증상을 논의할 것이다.

○--○

다음 질문에 대답하면서 이 장이 당신과 얼마나 관련되는지 확인해보라. 당신에게 가장 맞는 항목을 고르되, 없으면 가장 비슷한 항목을 고르도록 하라.

1. 당신은 중요한 일을 앞두고 겁을 먹으면 어떻게 행동하는가?

Ⓐ 내가 겁먹지 않고 잘할 수 있는 부분을 찾아 거기서부터 일을 시작한다.

Ⓑ 잠시 미루어두겠지만 오래지 않아 착수할 것이다.

Ⓒ 이미 가득 차 넘칠 것 같은 '너무 어려운 일' 폴더에 박아둔다.

2. 당신은 누가 봐도 시간 낭비인 일에 허비하는 시간이 얼마나 되는가?

Ⓐ 재충전에 필요한 적당한 수준이다.

Ⓑ 후회할 정도로 많이 하는 편이다. 그래도 해야 할 일을 완수하지 못할 정도로 심하진 않다.

Ⓒ 일에 심각한 지장을 초래할 정도다.

3. 당신은 익숙하지 않다는 이유로 시급한 일을 미룬 채 사소한 일을 먼저 하는 경우가 있는가?

Ⓐ 거의 없다.

Ⓑ 이따금씩 그렇게 한다.

Ⓒ 워드프로그램을 열어 문서의 서체만 이리저리 바꾸고 있을 때가 자주 있다.

4. 당신의 회피하는 습관에 넌덜머리를 내는 사람이 있는가? 가령, 전화 통화를 꺼려하는 버릇에 배우자가 두 손 들었다든가.

Ⓐ 없다.

Ⓑ 심하지 않다. 하지만 가족 혹은 직장 동료들에게 물어본다면, 아마도 내가 특정한 활동을 피하거나 필요한 일을 모른 체하는 때가 있어 힘들다고 대답할 것이다.

Ⓒ 자주 그런 문제로 다툰다.

5. 당신은 어떤 일을 시작할 때 과거의 실패나 나쁜 경험이 떠오르면 어떻게 하는가?

Ⓐ 성장형 마인드셋을 가지고, '제대로 연습하면 더 잘할 수 있다'고 마음먹는다.

Ⓑ 꼭 해야 할 일이라면 하겠지만 피할 수만 있다면 피한다.

Ⓒ 문제가 터지지 않는 한 끝까지 피한다. 만약 최근에 배관

공을 불렀다가 고생한 경험이 있다면 배관에 문제가 생겨도 웬만해서는 배관공을 부르지 않을 것이다.

6. 당신은 공동 작업 과정에서 다른 사람에게 문제를 제기할 때 어떻게 하는가?

Ⓐ 상황에 따라 단도직입적으로 이야기할 것인지 돌려서 말할 것인지를 결정한다.

Ⓑ 적당히 눈치를 주고 알아차리기를 바란다.

Ⓒ 아무 말도 하지 않는다. 아니면 당사자를 제외한 다른 모든 관련자들에게 불만을 표시한다.

다음은 당신이 가장 많이 선택한 항목에 대한 설명이다.

주로 A를 선택했다면?

회피적 대처는 당신에게 큰 문제가 아니다. 중요한 일이 힘들어 보여도 피하지 않고 대처할 줄 안다. 또한 필요할 때는 어느 정도의 불안과 두려움도 감내할 수 있다. 이 장은 빠르게 훑고 넘어가도 좋지만, 당신에게 도움이 될 만한 지식이 조금은 있을 것이다. 또한 회피적 대처로 문제를 겪고 있는 사람들을 더 잘 이해하게 될 것이다.

주로 B를 선택했다면?

당신에게는 개선의 여지가 있다. 당신은 생활에 지장을 초래할 정도로 회피를 일삼지는 않지만(공과금 납부를 미루는 정도는 아니다), 익숙하지 않은 일은 가급적 기피하는 성향 때문에 가끔 문제를 일으킨다. 또한 불안을 유발할 수 있는 대인 접촉(고용인, 동료, 친구들과의 껄끄러운 대화)을 피하는 편이다. 이 장에서 제공하는 팁을 활용하면 결과를 B에서 A로 바꿀 수 있다.

주로 C를 선택했다면?

당신은 지독한 회피의 굴레에 빠져 있다. 스트레스를 유발하는 일을 피했지만, 얼마 뒤 그로 인해 또 다른 스트레스가 유발되는 상황이 반복되고 있다. 아마도 당신은 회피 문제로 인해 삶의 전반적인 영역이 침체에 빠져 있을 것이다. 이 장에서 제공하는 여러 가지 회피적 대처를 감소시키는 전략을 활용하여 스트레스를 줄이고 정체 상태에서 벗어나기를 바란다.

회피는 불안을 키우는 주된 연료이며, 행동적 측면과 인지적 측면으로 드러난다.[47] 회피적 행동은 불안을 초래하는 상황 또는 일을 피하는 것이고, 회피적 사고(인지)는 불안을 유발하는 주제를

생각하지 않으려는 것이다.

회피 문제에 제대로 대책을 마련하지 않으면 심리적으로 완전히 잠식당할 수 있으며, 삶에 또 다른 스트레스를 불러온다.[48] 피하면 피할수록 문제가 되는 일이나 상황도 커진다. 뿐만 아니라, 회피적 대처는 문제 상황에 대처하는 법을 배우고 능력을 키울 수 있는 경험을 쌓을 기회도 놓치게 한다.

이 장에서는 회피적 대처를 일으키는 심리학적 메커니즘을 이해하고, 이를 줄일 인지행동 전략을 배울 것이다. 회피적 대처를 극복하기란 어려운 일이며, 그 과정이 일보전진과 이보후퇴의 반복으로 느껴질 수도 있다. 그래도 그 작은 한 걸음만으로도 적지 않은 효과를 볼 수 있다.

::   생각을 바꿔 회피적 대처를 극복하기

이제부터 회피적 대처의 패턴을 설명하고, 당신에게는 어떤 문제든 간에 피하지 않고 해결할 능력이 있다는 사실을 스스로 깨우치도록 도와줄 것이다.

당신은 '꼼짝 마', '도망쳐', '싸우자' 중 어느 쪽인가?
피하고 싶은 일을 맞닥뜨렸을 때 주로 보이는 반응을 살펴보면,

                         불안을 다스리는 도구상자

당신이 어떤 유형의 회피적 대처를 하는지 분명히 알 수 있다. 주된 반응은 다음 셋 중 하나일 것이다. '꼼짝 마', '도망쳐', '싸우자'. 이 반응들은 인간이 포식자로부터 살아남기 위해 진화하는 과정에서 발달시킨 대응법이다. 여느 동물들과 마찬가지로, 인간도 포식자와 마주치면 그를 자극하지 않기 위해 꼼짝 않고 있거나, 도망치거나, 맞서 싸우도록 설계되어 있다.

대부분의 사람들은 이 셋 중에 좀 더 즐겨 쓰는 하나의 패턴이 있다. 당신이 어떤 유형에 속하는지 생각해보라. 성격 유형을 정하듯이 하면 된다. 그에 맞춰 다음 지문을 읽어보라. 하지만 그것은 당신이 가장 즐겨 쓰는 유형일 뿐이며, 다른 2가지 방법도 가끔은 쓴다는 점을 유념하라.

'꼼짝 마' 유형은 싫은 일을 마주하면 사실상 아무것도 하지 않는다. 전진도 후퇴도 하지 않고 오로지 자신의 자리에 가만히 있으려 한다. '꼼짝 마' 유형의 사람은 동료나 애인이 하기 싫은 일을 하라고 잔소리를 해도 어지간해서는 대꾸하지 않는다. 이들은 대화할 때도 특정한 주제에 관해서는(가령, 아이를 하나 더 낳자거나 이사를 가자는 논의) 타협의 여지를 전혀 남겨놓지 않는 이른바 '돌담 쌓기'를 할 때가 많다.[49]

'도망쳐' 유형은 싫은 일을 마주하면 도망치기 일쑤다. 이들은 부부나 연인 간에 논쟁이 격해지면 대화를 그만두고 아예 집을 나가버린다. '도망쳐' 유형은 곤란한 문제를 해결하려 하기보다는 도망치려 하기 때문에 이러한 대인관계 문제가 계속해서 발생할 수 있다. 이들은 피하고 싶은 일이 생기면 바쁘다는 핑계를 대기 위해 할 일을 늘리기도 한다. 본인이 바빠지기 위해 자녀의 학원 스케줄을 빡빡하게 늘린 뒤 종일 자녀를 따라다니기도 한다.

'싸우자' 유형은 불안해지면 더 열심히 일하는 사람이다. 이들은 회피적 대처와 가장 거리가 먼 사람들이지만, 나름대로의 방법으로 회피적 대처를 할 때가 있다. '싸우자' 유형의 사람들이 싫은 일을 마주하게 되면, 문제의 핵심이 아니라 그 옆을 향해 온 힘을 다해 삽을 푸고 있을 때가 있다. 그곳은 파도 소용없다는 것을 인정하지 않고 삽질을 멈추지 않는다. 이들은 앞으로 나아가는 데 필요한 외부의 도움을 거절하려 한다. 속으로는 그 조언을 따라야 한다고 생각할 때조차도, 다른 사람의 말에 따르는 것이 불안하다는 이유로 거절하기도 한다. 그러곤 자신의 방법을 계속 고수할 것이다.

대부분의 사람들은 직장생활 문제건 대인관계 문제건 동일한 방식으로 대응하지만, 때로는 사안에 따라 다르게 대응하는 사람도 있다.

생각전환: 당신의 유형을 파악한 뒤, 현재 겪고 있는 문제 상황에 어떤 유형으로 대응하는지 생각해보라. 그런 뒤 시도해볼 수 있는 대안 전략을 떠올려보라. 가령, 배우자가 컴퓨터 좀 고쳐보라고 잔소리를 하지만, 당신은 컴퓨터 지식이 부족해 불안을 느

불안을 다스리는 도구상자

끼고 있다고 해보자. 당신이 '꼼짝 마' 유형이라면 "언제 할 거야?"라는 물음에 필시 아무 말도 하지 않을 것이다. 하지만 그것 말고 다른 대응책은 없는가?

내적 갈등을 이용해 회피적 대처를 극복하라

죄책감은 흔히 부정적 감정으로 여겨진다. 하지만 연구 결과에 따르면 죄책감은 다른 사람의 의견을 받아들여 문제를 수정하게 하거나 진심 어린 사과를 이끌어내는 등 긍정적 행동을 실천하는 데 영향을 준다.[50] 이렇듯 회피적 대처와 내적 가치관의 갈등을 인지할 때 나오는 건강한 죄책감은 당신에게 이득이 된다.

가령, '입장 바꿔 생각해보기'가 당신의 가치관이라고 해보자. 당신은 지금 다른 사람의 부탁을 거절해야 하는데, 차마 그 말을 꺼내지 못하고 있다. 상대방의 입장에서 생각해보자. 내가 누군가의 허락을 기다리는 상황이라면, 가능하면 일찍 답을 들어야 다른 계획을 마련할 수 있지 않을까? 이렇듯 당신의 가치관과 행동이 다르다는 사실을 깨닫는 것은 회피적 대처를 벗어날 내적 동기가 된다.

이때 주의하라. 죄책감은 심리적으로 건강한 감정이지만, 수치심은 아니다. 죄책감은 당신의 나쁜 행동에 대해 느끼는 좋지 않은 감정이지만, 수치심은 당신 존재 자체에 대해 좋지 않은 감정을 느낀다는 차이점이 있다.[51] 자기비판은 대체로 수치심을 포함한다.

생각전환 : 당신의 가치관에 위배되는 회피적 대처를 한 적이 있는가? 그때의 내적 갈등을 어떻게 해결하면 좋았을까?

성장형 마인드셋 활용이 문제해결에 도움된다

회피적 대처를 조장하는 고정형 마인드셋과 반대로 이를 극복하게 해주는 성장형 마인드셋의 메커니즘을 살펴보고자 한다. 고정형 마인드셋과 성장형 마인드셋에 관한 내용이 잘 생각나지 않으면 4장으로 돌아가보라. 여기서는 일반적으로 회피적 대처가 많이 일어나는 행위인 투자에 대해 이야기하겠다. 고정형 마인드셋을 가진 사람은 투자를 어떻게 생각할까? '나는 투자에 관해 아무것도 몰라. 내 머리로는 감당할 수 없어. 내가 손댈 만한 일이 아니야. 내가 투자한 종목은 무조건 실패할 거야'와 같이 생각할 것이다.

하지만 성장형 마인드셋을 가진 사람은 어떨까? '찾아보면 나 같은 초보자를 위해 잘 설명해둔 자료가 있을 거야. 인내심을 가지고 차근차근 배우다 보면 믿을 만한 정보를 구별해낼 수 있고 투자의 성과도 맛볼 수 있을 거야'라고 생각할 것이다.

생각전환 : 당신의 삶에서 회피적 대처가 가장 큰 문제를 일으키는 영역을 찾아보라. 앞의 예문을 참고하여 그에 관한 고정형 마인드셋 생각과 성장형 마인드셋 생각을 서술하라.

불안을 다스리는 도구상자

모르는 것보다는 아는 것이 낫다고 생각하라

7장에서 피드백에서 지적당한 문제를 수정할 자신이 없다는 이유로 피드백을 기피하는 경우를 논의했다. 일반적으로 사람들은 부정적 정보를 접했을 때 효과적으로 대처할 수 없을 것 같은 두려움을 느끼면 회피적 대처를 한다. 아예 눈을 가리고 귀를 막는 것이다. 하지만 실망스러운 현실을 마주하게 되더라도 헤쳐 나갈 수 있다는 자신감과 믿음이 당신에게 있다면 이런 일을 줄일 수 있다.

혹시 은퇴 후 자산 설계를 짜보면, 내 능력으로는 모을 수 없는 돈이 필요하다는 계산이 나올까봐 두려워서 아예 하지 않는가? 만약 정말로 그런 계산이 나온다면 어떻게 할 것 같은가? 이대로 영원히 눈을 뜨지 않기를 바라며 잠을 청할 것인가? 당신은 결코 그렇지 않을 것이다. 행동적 측면에서는 지출과 투자 패턴을 바꾸는 등 변화를 모색할 것이며, 감정적 측면에서는 지난날의 실수를 더 이상 돌아보지 않고 앞으로 나아갈 것이다.

생각전환: 사실을 직시하면 도저히 대처할 수 없을 것 같은 두려움에 회피하는 문제가 있는가? 그 문제에 내가 어떻게 대응하고 있는지를 구체적이고 생생하게 떠올려보라. 3분가량 생각하며 글을 써도 좋고, 그냥 생각만 해도 좋다. 그 문제에 대처할 방법에 관해 새롭게 떠오르는 것이 있는가? 다음 예시를 참고하라. '내 빚이 얼마인지 계산해보면 당분간은 너무 불안해서 어쩔 줄

몰라 할 테지. 하지만 알고 나면 해결책을 모색할 수 있고, 경제적 불안감도 차츰 가라앉지 않을까?'

왜곡된 생각이 미루는 버릇을 만든다

미루기는 사람이라면 누구나 하는 행위지만, 불안과 회피적 대처로 인해 미루기를 계속하다 보면 손쓸 수 없는 지경에 이르기도 한다. 미루기를 유발하는 왜곡된 생각은 지금까지 살펴봐온 것들과 크게 다르지 않다. 이는 좋은 소식도 나쁜 소식도 될 수 있다. 하지만 이 왜곡된 생각에 대해 이론적으로는 명료하게 설명할 수 있어도, 실제로 잡아내려고 하면 쉽지 않다. 잘못된 생각이 상황에 맞춰 교묘하게 정상적인 생각으로 위장하기 때문이다. 그 안에 숨어 있는 오류를 제대로 깨우쳐주기 위해서는 대개 그 사람이 겪는 상황과 구체적으로 연관되는 사례를 들어 설명해줘야 한다. 그러므로 앞에서 아무리 많은 사례를 접했다 하더라도 부족한 것이다. 언제든지 당신이 미루기를 하고 있다는 생각이 들면, 다음의 왜곡된 생각을 정리한 표를 보고 어디에 해당하는지 살펴보도록 하자. 당신이 가진 잘못된 생각이 무엇인지를 깨닫게 되면, 좀 더 성취감을 느끼는 길로 행동을 조정할 수 있다.

생각전환 : 다음 표에서 언급한 미루기를 유발하는 왜곡된 생각의 유형에 당신의 해당사항이 있다면 오른쪽에 체크하자. 현재 그로 인해 미루는 일이 있는지 자문해보라. 그중 하나를 선택하

불안을 다스리는 도구상자

여 대안을 생각해보라.

왜곡된 생각	사례	내 이야기다 (V표 하기)
모 아니면 도/ 완고한 생각/ 가혹한 기준/ 완벽주의	• 대청소를 해야 하지만 에너지가 없다. 책상만 치우느니 차라리 아무것도 하지 않겠다. • 모든 일은 완벽하게 해야 한다는 신조를 갖고 있다. 완벽하게 할 수 없을 바에야 아무것도 하지 않는 것이 낫다. • 실현가능성이 없는 목표를 설정하고서는 그 목표에 압도당해 어떤 일도 시도하지 않는다.	
부정적 예측	• 무엇인가를 시도하면 실패할 것 같다. • 다른 사람에게 관심을 끌지 못하거나 거절당할 것 같아 물어보지를 못한다. 잘못된 짐작을 한다. • 부정적 피드백이 예상되어 사용자들의 의견을 듣지 않는다. 실사용자들에게 테스트 받기를 꺼린다. • 일이 힘들고 어려울 것이라고 과대평가한다.	
자신의 능력을 과소평가	• 지겹거나, 스트레스를 유발하거나, 불안을 초래하는 일에 대해 '나는 할 수 없어' 하고 스스로를 과소평가한다.	
개인화 : 일이 어려워서가 아니라 내 능력이 모자란다는 핑계로 도망간다.	• 일이 어려우면 '도전과 연습이 필요한 일이구나'라고 생각하지 않고 '내 능력이 부족해'라고 생각한다. • 이 일을 어려워하는 건 세상에 나뿐이라고 생각한다.	

생각의 전환만으로는 회피적 대처를 절반밖에 극복하지 못한다. 작은 것이라도 행동의 전환을 함께 시도해야만 완전히 극복할 수 있다. 작은 변화일수록 처음 시도하기에는 더 수월하다. 다시 말하지만, 아무리 작은 행동이라도 당신의 생각과 감정에 영향을 준다. 이제부터는 앞서 논의한 생각의 전환과 결합하여 회피하고 미루는 습관을 확실하게 고칠 수 있는 전략을 제공하고자 한다.

회피하는 상황에 순위를 매기고 단계별로 극복하라

5장에서 되새김을 논의하며 심상노출 기법을 다룬 적이 있다. 여기서는 다른 유형의 노출 기법을 다루겠다. 사실상 불안장애를 치료하기 위한 인지행동치료 기법은 대부분 '단계별 노출' 기법을 포함한다. 원리는 간단하다. 우선 불안을 유발하기 때문에 회피하고 있는 모든 행동과 상황을 정리한 목록을 만든다. 그다음 서술한 일이 실제로 일어날 경우 느끼는 불안의 정도를 수치화하여 항목별로 점수를 매긴다. 전혀 불안이 느껴지지 않는 수준을 0으로, 당장 공황장애에 빠질 것 같은 수준을 100으로 정하여 매기면 된다. 내 경우, 관련 학회에서 유명인에게 말을 거는 일은 100점 만점에 80점 수준이다.

　모든 항목을 불안도가 높은 순서대로 정렬한 뒤, 대략 10점 단위로 비슷한 수준의 항목들을 묶어보라. 20~30, 30~40을 각각 한 단계로 정하듯이 당신의 불안 수준에 따라 몇 가지 항목을 묶을 수 있는 구간을 설정하면 된다. 이렇게 묶어두면 갑작스레 불안 단계가 올라가는 사태를 방지할 수 있다. 그런 뒤 불안을 유발하긴 하지만, 하지 않아도 크게 지장이 없는 항목을 제외하라. 예를 들어, 곤충 튀김 먹기라든가.

목록의 맨 아래에서부터 차례대로 공략할 계획을 세워 실행하라. 가능하다면 상위 단계로 올라가기 전에 동일한 행동을 여러 차례 반복하라. 가령, 첫 번째 항목이 '동료와 대화하기'라면, 다음 항목으로 올라가기 전에 이를 몇 번 반복해보는 것이다(대화 상대가 같은 사람이어도 좋고 아니어도 좋다).

목차의 아래쪽에 있지만 당신이 자주 회피하던 문제를 잘해내기 시작하면, 더 높은 단계에 도전할 자신감이 생길 것이다. 중요한 것은 소위 '안전행동'을 해서는 안 된다는 것이다. 이는 불안할 때 나타나는 의존적 행동이다. 가령, 유명 인사를 응대해야 하는 날에는 행운의 속옷을 입는다든가, 가상 대화 연습을 끊임없이 하는 것이다.

심리학계에서는 이와 같은 노출 기법이 불안 감소에 탁월한 효과가 있다고 널리 인정하고 있다. 임상환경에서도 노출 기법을 활용한 사람이 가장 치료 효과가 좋다.[52] 이 기법 하나가 다수의 다른 인지치료 기법들과 맞먹는 효과를 보여준다는 연구 결과도 있다.[53] 치료 효과를 가급적 빨리 보고 싶다면 당신도 노출 기법을 시도해보라. 혼자 하기 어렵다고 느껴진다면 심리치료사를 찾아가는 것도 방법이다.

회피적 대처 극복을 위한 30일 프로젝트

회피적 대처는 결코 한 차례의 시도로 고쳐지는 습관이 아니다. 30일에 걸쳐 차츰차츰 줄여나가는 방법을 추천한다. 만약 단계별 노출 기법보다 30일 프로젝트가 더 마음에 들고 당신에게 잘 맞을 것 같다면 이것으로 대체해도 좋다.

30일 동안 평소라면 미루거나 회피했을 상황이 올 때마다 가능하면 미루지 않도록 노력해보는 것이다. 회피적 대처를 줄이고는 싶지만 어디서부터 시작해야 할지 감이 잡히지 않을 때는 이 방법이 도움이 된다. 무엇인가를 미루거나 피하고 싶은 상황이 찾아오면, 일단 무엇이 되었건 행동을 취하는 데 집중하라. 그것이 가장 좋은 방법이라는 확신이 없더라도 행동으로 옮겨야 한다. 가령, 디지털 사진을 백업할 클라우드 서비스를 고르는 데 어려움을 겪고 있다면, 최신기술을 잘 아는 친구에게 물어본 다음 그가 추천하는 서비스를 그대로 따르라. 마음에 안 들면? 나중에 언제라도 바꾸면 된다.

회피적 대처를 극복하고자 한다면 단번에 모든 것을 다 끝내겠다는 생각은 버려야 한다. 우리의 의지력은 하고 싶지 않은 일을 하는 것만으로도 벅차다. 목표는 회피적 대처 습관을 하나씩 없애기 시작하는 것이다. 때로 다시 회피적 대처의 굴레에 빠지는 것도 자연스러운 일이다.

일을 진행하기 위한 간단한 다음 행동을 정하라

어떤 일을 회피하고 있을 때는 곧이어 어떤 행동을 해야 일이 진행될지 생각하라. 그리고 실천하라. 가령, 법률 소송에 걸려 압박감을 느끼고 있다면 바로 다음에 해야 할 행동은 법률가 친구를 찾아가거나 전문가를 소개받는 일이다. 정원에 잡초가 무성하다면 곧바로 관리할 도구를 찾아야 할 것이다. 스마트폰이 버벅거리면 백업을 받아라. 컴퓨터를 새로 사야 할 것 같다면 예산부터 정하라.

　다음 행동은 굳이 크고 거창한 행동으로 정할 필요가 없다는 사실을 명심하라. 주로 15분 이내에 완료할 수 있는 일을 고르도록 하자. 다음 행동을 결정했지만 여전히 부담이 느껴진다면 더 작은 종류의 일로 바꿔보아라. 당신이 충분히 할 수 있는 일을 선택하라. 다음 행동을 정하라는 원칙은《끝도 없는 일 깔끔하게 해치우기》라는 자기계발서에서 창안해 유명해진 전략이다.[54] 내 환자들 중에도 이 전략의 덕을 본 사람이 많다.

테크놀로지가 회피적 대처 극복에 도움된다

테크놀로지는 회피적 대처를 극복하는 데 도움을 줄 수 있다. 물론 이러한 기술을 사용하기 위한 준비 과정에 많은 시간을 들이기가 꺼려질 수는 있으나, 몇 가지 수단만이라도 익혀두면 큰 도움이 될 것이다. 다음 사례를 참고하라.

- 이메일을 쓸 때마다 필요 이상으로 시간이 걸려서 고민이라면, 가능한 한 짧게 쓰고 즉시 보내는 연습을 하라. 지메일 Gmail에 가입한 뒤, '보내기 취소' 기능을 사용하도록 설정하고 시간을 30초에 맞춰라. 그러면 30초 이내에는 보낸 메일을 취소할 수 있다.[55] 빠뜨린 내용이나 수정하고 싶은 문구를 떠올리는 데 30초면 충분하다는 사실을 깨달을 것이다.
- 인터넷 브라우저의 기능을 활용하면 특정 웹사이트에 접속하는 시간을 한정할 수 있다. 가령, 페이스북의 하루 이용 시간을 30분으로 한정할 수 있다.
- 사업비 영수증을 꼼꼼하게 챙기는 데 어려움을 겪는 개인사업자라면 신용카드 사용내역을 바탕으로 결제 영수증을 자동으로 정리해주는 앱을 사용해보라.

'이런 앱이 있으면 큰 도움이 될 것 같다'고 생각하는 앱이 있는가? 이 세상에는 당신이 생각하는 앱은 웬만하면 다 있다! 당신

불안을 다스리는 도구상자

이 해결해야 할 문제가 무엇인지 파악하고 나면 그에 딱 맞는 앱도 찾을 수 있다.

하기 싫은 잡일은 몰아서 하라

급하지 않은 일에는 의지력이 잘 생기지 않는 법이고, 그런 일은 점점 쌓이게 마련이다. 가령, 읽지 않는 잡지를 구독하거나 사용하지 않는 신용카드에 연회비를 내는 등 몇 가지 취소해야 할 정기결제 서비스가 있다고 하자. 한 건을 처리하는 데 길어야 15분이면 충분할 테니 몇 가지를 몰아서 처리하면 좋다. 그 일을 할 만한 시간과 에너지가 있을 법한 때와 장소를 생각해보고 스케줄을 정해두어라. 단, 각각의 일을 처리하는 데 걸리는 시간은 현실적으로 계산해야 한다. 또한 시간이 오래 걸리는 일과 빨리 처리할 수 있는 일을 함께 섞어두지 말라. 작은 일들만 몰아서 하라. 몰아서 하기가 여의치 않다면, 15분 이내에 처리할 수 있는 잡일의 목록을 만들어둔 다음 하루에 하나씩 처리하는 것도 괜찮다. 어느 쪽이 당신에게 더 잘 맞는지 실험해보라.

스스로에게 포상하라

하기 싫어 피하던 일을 완료했다면 스스로에게 수고의 대가로 달콤한 휴식을 주어라. 찬장 정리를 끝낸 저녁에 좋아하는 TV 드라마 한 편을 느긋하게 감상하기처럼 소소한 상도 좋다. 한번 포상을 받은 행동은 앞으로도 계속하기 쉽다. 그러므로 미루던 일을 완료한 당신에게 스스로 포상을 내리면 앞으로는 더욱 일을 미루지 않으려 할 것이다.

하지만 포상은 진정으로 상이 되는 것이어야 한다. 운동을 하고 나서 상으로 감자튀김 한 접시를 먹으면 후회만 될 뿐이다. 일반적인 심리학 원칙에 따르면, 상을 받기 위해 한 행동과 포상 내용이 자연스럽게 연결되어야 좋다. 회피적 대처는 힘들고 어려운 일을 미루는 것과 연관되어 있기 때문에, 하기 싫던 일과 치열하게 씨름한 뒤에는 휴식을 상으로 주는 것이 자연스럽다.

미루던 일을 해결한 결과로 여윳돈이 생겼다면 포상으로 그 돈을 당신을 위한 일에 써도 좋다. 가령, 읽지 않는 잡지를 구독 취소하고 연간 5만 원를 절약했다면, 평소에 원하던 물건을 그와 비슷한 수준에서 산다. 지출을 줄인 만큼 다른 곳에 쓸 여력이 생겼으므로 이러한 포상은 적절하다.

일의 크기를 줄여 시도하라

행동 실험의 일환으로 당신이 미루던 몇 가지 일을 더 작거나 쉬운 것으로 바꿔 시도해보라. 때로는 큰일을 잘게 쪼개는 것도 필요하지만, 가능하면 잘게 쪼개 늘어놓지 말고 일의 크기 자체를 줄여라. 하나의 일에 대한 당신의 필요도와 선호도를 파악하고 당신이 쓸 수 있는 시간과 돈과 에너지와 의지력의 양을 가늠하여 당신에게 맞게 일을 조정하라. 다음의 예시를 참고하면 내가 무슨 말을 하려는지 알 것이다.

큰일	쉬운 일	더 쉬운 일
하루 스케줄을 짠다.	매일 특정 시간의 스케줄을 짠다. 예를 들어, 오전이나 오후 등.	매일 출근하기 전에 그 날 해야 할 일 하나를 골라 스케줄을 정한다.
부엌을 다시 꾸민다.	부엌 서랍만 바꾼다.	서랍에 칠만 한다.
하루에 20분씩 명상을 한다.	하루에 3분간 명상 산책을 한다.	매일 아침 일어나기 전에 1분간 명상 호흡을 한다.
모든 지출 내역을 정리한다.	가장 과소비가 심하다고 생각되는 영역만 지출부를 작성한다. 예를 들어, 식료품 등.	일주일에 식료품을 사러 마트 가는 횟수가 몇 번인지 세어본다.

하지만 내가 예시로 든 쉬운 일이 꼭 더 좋은 선택은 아니다. 이는 다만 종종 실천으로 옮길 의지력이 부족할 때 선택할 수 있는 대안이다. 그러므로 당신에게 남아 있는 의지력의 총량에 맞는 적절한 선택이 무엇인지 잘 생각해야 한다. 표처럼 선택 범위를 한정하는 틀을 만들면 조금 더 쉽게 선택할 수 있다. 이를 이용해 당신 개인에게 맞는 선택 틀을 만들어보라.

4장에서 언급했듯이 언제 어디서 실천할 것인지 미리 계획을 세워두지 않으면 대개는 하지 않게 된다. 하지만 어떤 일의 스케줄을 잡기가 계속 꺼려진다면, 이는 당신이 현재 그 일에 전념하기 어려운 상태라는 증거다. 이 경우 대부분은 현재 가진 의지력에 비해 일의 크기가 너무 크기 때문이다. 그때는 더 쉬운 일을 골라 언제 어디서 할지 정하면 된다.

융통성 있는 대처로 미루는 습관을 줄여라
미루기가 꼭 나쁜 것은 아니다.[56] 미루고 싶다는 충동은 정신적 휴식이 필요하다는 신호일 가능성도 있다. 잠시 멈추었다가 다시 시작함으로써 생산성을 높이라는 뜻이다. 하지만 당신 스스로 미루기 때문에 문제가 되고 있다고 생각한다면 다음의 원칙을 참고하기 바란다.

- 휴식은 일이 끝난 다음에 취하라. 시작하기 전에 하지 말고.
- 어떤 일을 미루고 싶다면 그 대신 적어도 무언가 쓸모 있는 일을 해야 한다. 가장 피하고 싶은 일을 미루는 대신에 그보다 약간은 덜 미루고 싶었던 일을 하는 것이다. 학교 다닐 적에 시험공부를 하기 전이면 갑자기 방청소가 하고 싶어진 경험이 있지 않은가? 그와 비슷한 원리다.
- 효과적인 미루기 방지 전략은 일을 잠시 중단하는 것이다. 때로는 전략을 뒤바꾸는 것도 필요하다. 사례를 들어보겠다. 당신은 매일 잠들기 전에 운동복을 미리 챙겨두면 다음

불안을 다스리는 도구상자

날 헬스장에 빠지지 않는다는 것을 깨달았다. 하지만 잠시뿐이고 2~3개월이 지나자 곧 다시 헬스장에 나가지 않기 시작했다. 이럴 때는 전략을 바꿔보라. 어쩌면 운동의 종류를 바꾸는 편이 좋을 수도 있다. 혹은 직장일이 너무 힘들어서 운동할 의지력이 남지 않았을 수도 있다. 이럴 때는 그 원인을 해결하는 방법(일터에 소모하는 의지력을 감소시키기 등)을 찾아야 할 것이다.

3부

。

불안을 다스릴 전략과
도구로 연습하라

9장

불안에 얽매일지,
당신의 삶을 살지를 선택하라

1부와 2부에서는 불안을 관리할 전략을 익히고 도구를 갖추는데 집중했다. 지금부터는 이를 수개월간에 걸쳐 갈고 닦아야 한다. 하지만 당신더러 전업 심리치료사가 되라는 말은 아니니 안심하기 바란다.

○--○

다음 질문에 대답하면서 이 장이 당신과 얼마나 관련되는지 확인해보라. 당신에게 맞는 항목을 고르되, 없으면 가장 비슷한 항목을 고르도록 하라.

1. 당신은 이 책에서 배운 전략과 도구들을 일상생활에서 손쉽게 활용할 수 있겠는가?

Ⓐ 아이스크림을 섞듯이 쉽게 일상생활에 적용할 수 있을 것 같다. 특별히 부담을 느끼진 않는다.

Ⓑ 쉬워 보이지는 않지만 할 수 있을 것 같다.

Ⓒ 많은 노력이 필요할 것 같다.

2. 당신은 불안을 극복하기 위해 가장 먼저 바로잡아야 할 편향된 생각이 무엇인지 잘 알고 있는가?

Ⓐ 물론이다. 나는 내가 주로 어떤 생각을 하다가 불안의 덫에 걸리는지 잘 알고 있다.

Ⓑ 나를 불안의 덫으로 몰아넣는 편향된 생각이 주로 어떤

것들인지는 알지만, 우선순위를 정하지는 못했다.

ⓒ 아직 잘 모르겠다.

3. 당신은 잘못된 생각을 언제 깨닫는가? 그때 바로인가? 시간이 지난 후인가?

Ⓐ 잘못된 생각을 한 바로 그날에 깨닫는 편이다. 퇴근길에 운전하면서 '내가 그때 피드백을 개인적으로 받아들였구나' 하고 깨닫기도 한다.

Ⓑ 둘 다 해당된다. 그 즉시 깨달을 때도 있지만, 한참이 지나도 깨닫지 못할 때가 있다.

ⓒ 불안에 관한 글을 읽거나 심리 상담을 받을 때에야 비로소 깨닫는다.

4. 당신이 지닌 불안을 유발하는 습관 중에서, 앞으로 가장 극복하기 힘들 것 같은 문제가 무엇인지 알고 있는가?

Ⓐ 물론이다. 이 책에서 다룬 습관 중 무엇이 나에게 가장 큰 문제인지 잘 알고 있다.

Ⓑ 문제되는 습관이 너무 많다. 가장 큰 문제 하나에만 집중할 필요가 있다.

ⓒ 큰일이다. 아직도 잘 모르겠다.

불안을 다스리는 도구상자

5. 당신에게는 불안 감지 시스템이 과도하게 민감해지지 않도록 유지해주는 규칙적 일과가 있는가?

Ⓐ 그렇다. 나는 운동과 더불어 5장에서 배운 마음챙김 명상을 조금 하고 있다.

Ⓑ 어느 정도 있다. 고정된 일과까지는 아니고 되는 대로 하는 편이다.

Ⓒ 특별히 없다.

6. 당신은 5번 질문에서 언급한 규칙적 일과를 얼마나 잘 지키고 있는가?

Ⓐ 아주 잘 지키고 있다. 양치질처럼 생활의 일부가 되었다.

Ⓑ 솔직히 바쁠 때는 빼먹는다.

Ⓒ 내겐 아직 어려운 일이다.

다음은 가장 많이 선택한 항목에 대한 해석이다.

주로 A를 선택했다면?

훌륭하다. 당신은 책에서 배운 불안 관리 전략을 일상생활에 잘 적용하고 있으며, 당신의 생각과 행동에서 중점적으로 해결해야 할 문제가 무엇인지 분명하게 알고 있다. 만약 인지행동 치료기술을 불안과 직접적 연관이 없는 문제에까지 활용하는 데 관심이 있다면 이 장이 도움이 될 것이다. 많은 수고를 한 당신에게 박수를 보낸다.

주로 B를 선택했다면?

잘하고 있는 편이다. 당신은 불안 관리의 핵심 개념을 잘 파악하고 있으나 더 발전하기 위해서는 도구와 전략을 갈고 닦을 필요가 있다. 이 장은 당신이 처해 있는 현재 상황과, 앞으로 살아가는 데 있어서 어떤 불안의 덫을 특히 조심해야 하는지를 정확하게 파악하는 데 도움을 주고자 한다.

주로 C를 선택했다면?

집 전체를 리모델링할 때는 완성된 결과물이 나오기 전에는 모든 것이 엉망진창으로 보이게 마련이다. 인지행동 치료 기술을 터득하는 것도 이와 마찬가지다. 당신은 아직 그런 단계에 있다. 그래도 괜찮다. 이 장은 당신이 다음 단계로 넘어갈 수 있도록, C에서 A로 올라갈 수 있도록 도와줄 것이다.

○--○

불안장애로 심리치료사를 찾아가면 통상 3~6개월간 치료를 받는다. 이후부터는 각자에게 맞게 조정된 심리치료 기법을 활용하는 편이 좋다. 일정 기간 동안 집중적으로 불안을 다스리기 위해 노력했다면 증상도 상당히 개선되고 새롭게 깨우친 점도 있을 것이다. 그때는 집중적인 치료 노력을 잠시 쉬어야 할 시간이다. 3부에서는 당신이 지금까지 배워온 전략과 도구를 계속 갈고 닦는 일과 일상생활을 꾸려나가는 일 사이에서 균형을 잡도록 돕고자 한다. 지금까지 불안을 유발하는 잘못된 생각과 행동을 고치기 위해 전방에서 싸워왔다면, 이제부터는 후방에서 관리해야 한다.

:: 삶의 최전선에서 불안을 후퇴시켜라

지금부터 불안문제를 생활전선의 후방으로 보내기 위한 몇 가지 전략을 제시하고자 한다.

집중할 문제를 단순화하라

앞에서 잘못된 생각과 행동 습관이 유발하는 여러 가지 불안의 덫을 유형별로 논의했다. 사람이라면 누구나 그 모든 불안의 덫에 발목 잡힐 때가 있다. 하지만 개중에는 당신에게 특히 큰 문제가 되는 것들이 있을 것이다. 가령, 부정적 예측(결과를 부정적으로 예상하는 것)과 '모 아니면 도' 사고방식은 가장 많은 사람들에게 문제가 된다. 당신을 가장 자주 불안의 덫에 빠뜨리는 잘못된 생각과 행동 습관을 각각 2가지씩 추려보라. 행동 습관은 '불안할 때마다 무리하는 습관', '불안하면 피하고 보는 습관', '미래가 불확실할 때 너무 오래 망설이는 습관'처럼 내용을 적어라.

극심한 불안을 느끼거나 정체되어 있다는 생각이 들 때는 앞으로 나아갈 길을 모색해야 한다. 먼저 8장에서 정리한 '왜곡된 생각'을 하고 있는지 확인하라. 맞는다면, 이를 어떻게 수정할지 궁리해보라. 만약 목록에 있는 4가지 문제에 해당 사항이 없는 것 같다면 이 책에서 다룬 다른 불안의 덫에 빠진 것은 아닌지 눈을 크게 뜨고 살펴보라.

일주일 단위로 점검하라

하루 종일 불안에만 신경 쓰고 있기보다는 일주일에 1회 정해둔 시간에 불안을 점검하라. 내게 매주 같은 요일과 시간에 진료를 받던 사람들은 진료가 끝난 다음에도 그 시간을 비워두는 편이다. 나를 만나는 대신 자신 스스로와 면담을 갖는 것이다. 당신도 이러한 시간을 만들어두면 좋다.

우선 일주일을 점검하기에 적합한 요일과 시간을 골라라. 노트를 만들어서(스마트폰 노트 앱도 좋다) 점검 시간에 살펴보고 싶은 일이 생길 때마다 기록해두고, 이를 위주로 일주일을 점검하라. 만약 적어둔 내용이 너무 많아서 다 살펴보기 힘들 것 같으면, 그중 가장 중요도가 높아 보이는 항목만 골라서 하면 된다.

이렇게 하면 지난 일주일 동안 미처 대처하지 못했던 불안문제, 혹은 나름대로 해결하려 했지만 효과를 보지 못한 문제를 집중적으로 살펴볼 시간을 확보할 수 있다. 그 문제가 어떤 유형의 불안의 덫에 해당하는지(과도한 혹사인지, 회피적 대처인지)를 꼬박꼬박 확인해야 한다.

각각의 문제가 이 책의 어느 장에 해당하는지 살펴보고 제시된 해결책을 활용해보라. 가령, 되새김의 덫에 빠져 있음을 깨달았지만 여전히 문제해결을 못하고 있다면(행동을 취하지 못하고 생각만 계속하고 있는 상태), 먼저 문제를 명확하게 규정하고, 상황을 타개하기 위해 할 수 있는 최선의 선택지를 3~6개 뽑아라. 그중 하나를 골라서 언제 어디서 시도해볼지 계획을 세워라.

새로운 계획, 취미, 운동에 관심을 가져라

이제 당신이 집중할 목표를 새로운 계획과 취미(또는 관심사)로 돌려야 할 중요한 순간이다.

불안에 집중하느라 미루고 있었지만, 앞으로 몇 달 정도는 푹 빠져서 해보고 싶었던 일이 있는가? 데이트도 좋고, 친구들과의 만찬도 좋고, 투자 계획 세우기도 좋고, 더 좋은 직장을 알아보기 위한 구직활동도 좋다.

또한 운동을 시작하기도 좋은 때다. 운동은 천연의 우울증 예방약이자 훌륭한 불안 관리 도구다.[57] 운동의 중요성에 관해서는 귀에 못이 박히도록 들었을 테니 굳이 내가 더 거들 필요는 없으리라. 많은 사람이 운동의 신체적 효과보다도 정신적 효과를 강조할 때 더욱 쉽게 운동을 시작한다. 왜 그럴까? 운동의 효과가 신체적으로 드러나려면 꽤 많은 시간이 필요한 반면, 정신건강의 효과는 크든 적든 즉각적으로 나타나기 때문이다.

불안한 사람이 종종 운동 계획 세우기를 미루는 이유는 운동에 관한 정보가 넘쳐나서다. 적정한 운동 시간과 강도를 알기 위해 정보를 찾다 보면 서로 상반되는 이야기가 너무 많아 아무런 판단도 할 수 없는 지경에 이른다. 이럴 때는 최저 기준을 정해두면 좋다. 얼마가 되든 당신이 할 수 있는 만큼만 하면 된다. 당신이 건강한 상태에서 안정적으로 소화할 수 있는 운동이라면 어떤 운동이든 간에 안 하는 것보다는 훨씬 낫다.

마음챙김 명상을 해보라

마음챙김 명상은 불안을 관리하는 데 많은 도움이 된다. 그저 천천히 숨쉬는 습관만 들여도 좋다. 아침에 일어나기 전 누워서 천천히 숨을 쉬거나, 솟구치는 불안을 느낄 때 5~6번 천천히 숨을 쉬는 간단한 명상도 좋다. 괜찮다면 5장에서 언급한 3분짜리 마음챙김 명상 중 하나를 매일같이 해보라. 운동이나 명상이 지겨워진다면 종류를 바꿔서 해보자.

당신의 기질에 맞는 삶을 설계하라

2장에서는 사람은 저마다 타고난 기질이 모두 다르다는 점을 배웠다. 선호하는 사회적 사교 수준과 변화에 대처하는 데 필요한 심리적 에너지는 개인별로 다르다. 타고난 성향과 기질에 잘 맞는 규칙적 일과와 생활환경은 당신에게 평정심을 제공하며, 주기적으로 심각한 불안에 시달리는 사태를 방지해준다. 또한 당신의 기질에 맞춰 정돈된 삶은 불안을 유발하는 사태를 처리하고 마음을 진정시킬 시간을 제공한다.

다음은 타고난 기질에 맞는 생활에 관한 몇 가지 예시다.

- 적당히 바쁘게 살아라. 퇴근 후 또는 주말에 할 수 있는 활동을 여럿 만들어두면 과도한 흥분이나 주의 분산 상태에 빠지지 않고 평정심을 유지하는 데 적당한 자극을 줄 수 있다. 자극이나 흥분이 너무 없는 상태는(하고 싶은 활동이 거의 없는 경우) 과도한 흥분 상태보다도 문제가 많음을 유념하라.
- 당신에게 알맞은 신체활동량을 정하라. 잠시 책상에서 일어나 걷는 것처럼 단순한 신체활동일지라도, 그것으로 평정심과 맑은 정신을 유지할 수 있다면 괜찮다. 장바구니를 들고 계단 오르기 등 물건을 옮기는 일도 적당한 긴장감과 에너지를 발생시킨다. 좋아하는 신체활동을 충분히 즐기면 우울함을 예방할 수 있다.

- 적절한 수준의 사회적 관계를 유지하고, 만남을 정기적으로 가지도록 하라. 가령, 매주 금요일 저녁마다 친구들과 술 한 잔 나누는 자리를 마련하든가, 일주일에 1회는 친구와 함께 취미 수업을 듣는다. 적절한 수준의 사회적 관계를 유지하기 위해서는 너무 많은 외부 접촉을 피할 장치도 함께 마련해야 한다. 마치 회사 임원들이 방문자에게 문을 열어놓는 시간과 면담이 불가능한 근무 시간을 구분하는 것처럼.

- 생활 속에서 규칙과 변화의 균형을 유지하라. 가령, 휴가 갈 때는 익숙하고 좋아하는 장소와 새로운 장소를 번갈아 가는 식이다. 변화와 균형의 비율을 어느 정도로 했을 때 당신의 타고난 기질이 편안함을 느끼는지를 찾아보라.

- 일을 시작하기 전에 적당히 빈틈을 허용하라. 앞으로의 전망을 두고 조금은 고민하고 머뭇거려도 좋다. 다만 너무 오래 고민하다가는 아예 일을 시작하기도 싫어질 수 있으니 주의하자.

- 변화에 대처하는 데 너무 많은 에너지가 소모될 경우에는 스스로에게 너그러워져라. 특히 계획이나 규칙적 일과에 변화나 오류가 생겨서 당황할 때일수록 그래야 한다. 고정된 취미나 대인관계가 있으면 어느 한 영역에 변화가 찾아와도 안정감을 유지할 수 있다.

- 당신이 가장 대처하기 어려워하는 스트레스가 어떤 종류인

불안을 다스리는 도구상자

지 분명하게 알아야 한다. 대안도 없이 스스로를 스트레스에 노출해서는 안 된다. 가령, 당신이 결정해야 할 사항이 많을수록 스트레스가 심해지는 사람이라면, 집을 장만할 때는 집을 짓기보다는 지어진 집을 구매하는 편이 현명하다. 집이 너무 낡았다고 생각될 때도, 지금 있는 집을 뜯어 고치기 위해 업자를 고용하지 말고 차라리 최근에 리모델링한 집을 사라. 회피적 대처가 좋지 않다고는 해도, 너무 많은 스트레스를 유발하는 일은 적당히 피해 균형을 맞출 필요가 있다.

다른 사람에게 손을 내밀어라

지금까지 당신의 내면 문제에만 집중해왔다면, 이제는 바깥으로 나와 대인관계에 집중하는 시간을 가질 때다. 혼자만의 일에 많은 신경을 쓰다 보면 다른 사람의 감정적 욕구에 무뎌지기 쉽다. 혹시 배우자나 연인 또는 아이가 있는가? 그렇다면 그들이 현재 어떤 감정적 욕구를 가지고 있는지 아는가? 그 혹은 그녀가 당신에게 어떤 종류의 격려나 보살핌을 바라는지 아는가? 많은 관심과 정성을 요구하는 것이 아니다. 그저 만나고 헤어질 때마다 늘 해오던 키스를 잊어버린 건 아닌지 되돌아보라는 것이다. 어쩌면 그 사람 역시 당신처럼 잘못된 생각을 하고 있을지 모른다. 함께 헤쳐 나가면 된다.

　연인이나 배우자가 있다면, 그들에게 앞으로 몇 달 동안 어떤 말로 격려와 배려의 마음을 전해주면 좋을지 자문해보라. 답이 잘 나오지 않는다면, 매일 만나고 헤어질 때 어떤 인사를 주고받으면 좋을지 생각해보라. 대다수의 커플은 인사를 나눌 때 적당한 신체적 접촉을 곁들이며, 이는 관계를 유지하고 불안감을 낮추는 데 큰 도움이 된다.[58] 또한 하루 일과를 마치고 재회하는 자리에서는 되도록 불평, 짜증, 부탁의 말보다는 밝고 좋은 말로 인사를 건네면 좋다는 것을 기억하라.

만약 싱글이거나, 싱글은 아니지만 연인보다는 친구나 다른 가족과의 관계에 집중하고 싶다면, 그 사람들에게 지금 당장 필요한 감정적 격려와 보살핌이 무엇일지 자문해보면 된다.

::   잘못된 생각을 바로잡을수록 점점 더 잘하게 된다

지금 혹시 '내 생각의 잘못된 점을 찾고 균형 잡힌 사고방식을 갖추기는 무척 힘들고 어려운 일이야. 그런 일이 쉽게 되겠어?'라고 생각하는가? 좋은 소식을 알려드리면, 그 대답은 '된다'. 편향된 사고방식을 바로잡는 일은 연습을 거듭할수록 자연스럽게 된다. 생각의 전환을 처음 시도할 때는 대개 불안증상이 빠르게 개선되기를 바란다. 하지만 시간이 흐르면 처음 의도한 것과는 다른 방향에서 개선이 이루어지고 있음을 느끼게 된다. 그중 하나가 바

불안을 다스리는 도구상자

로 불안을 유발하는 잘못된 생각 고치기가 점점 더 쉬워지는 것이다.

개인적으로 지금의 나는 아무런 힘도 들이지 않고 잘못된 생각을 바로잡을 수 있다. 여전히 불안을 유발하는 생각이 고개를 들 때도 있지만, 마치 워드프로세서의 자동 맞춤법 수정 기능이 작동하듯이 내 머릿속에서 자동으로 고쳐진다. 무슨 일이건 처음에는 불안해하는 것이 본능이지만, 이제는 그런 생각을 고치는 것도 본능이 되었다. 이 정도 수준에 도달하면 어떤 문제가 벌어지거나 스트레스를 받을 때, 완전히는 아니더라도 훨씬 느긋하고 냉정한 마음으로 받아들이게 되고 자기 페이스를 잃지 않는다. 나는 여전히 발생 가능한 문제에 주의하고 대비하기를 좋아하지만, 예전에 비해 평정심을 유지하는 시간이 크게 늘었다.

당신도 나처럼 될 수 있다. 하지만 항상 잘못된 생각을 잡아내기 위해 노심초사할 필요는 없다. 기분이 우울하거나 불안하거나 겁이 나거나 아무것도 못하고 있을 때에만 되짚어보면 된다. 정신적으로 괴롭거나 일에 진척이 없다면 스스로에게 질문을 던져야 할 때다. '내가 가장 자주 하는 잘못된 생각을 지금도 하고 있는 건 아닐까?' 하고.

좀 더 빨리 잘못된 생각에서 빠져나오게 된다

잘못된 생각을 잡아내는 연습을 시작한 지 1~2개월밖에 되지 않

있다면, 아직은 시간이 지난 후에야 알아차리는 단계일 것이다. 하지만 조금 더 시간이 지나면 종종 잘못된 생각이 드는 즉시(혹은 얼마 지나지 않아) 알아차리게 된다. 가령, 다른 사람의 실제 생각은 모른 채 지레짐작만 하다가 하루 종일 불쾌한 기분이 들었다고 하자. 예전과는 달리 이제는 바로 그날 저녁이면 그것이 착각이었음을 깨닫게 된다.

하지만 이런 경험만 하게 되는 것은 아니다. 때로는 수개월 혹은 수년간 알아차리지 못했던 잘못된 생각을 발견하는 경험도 하게 된다. 어떤 일에 관한 새로운 정보나 증거를 접하고 나서야 이때까지 왜곡된 생각에 지배당하고 있었음을 깨닫는 것이다.

내 이야기를 예로 들어보겠다. 나는 현장 연구를 중도에 그만둔 탓에 지도교수가 내가 하는 일을 별로 좋지 않게 볼 것이라 짐작하고 있었지만, 최근에서야 그렇지 않다는 사실을 알았다. 전혀 기대하지 않았는데 실제로 지도교수는 내가 해온 일들을 대단히 좋게 바라보고 있다는 이야기를 들었다.

이렇듯 새로운 정보로 인해 오랫동안 갖고 있던 혼자만의 착각에서 깨어날 때도 있다. 아무리 스스로 잘못된 생각을 잘 짚어내는 사람이라도 때로는 생각의 오류를 저지를 수 있다. 그러니 '아예 모르는 것보다는 늦게라도 알아차리는 것이 낫다'는 사실을 명심하고 마음을 느긋하게 먹어야 한다. 잘못된 생각을 잡아내는 횟수가 줄어들면 줄어들수록, 실제 불안의 덫을 발견하지 못하고 있다고 생각하면 된다. 기분이 우울하거나 불안하거나 겁이 나거나 아무것도 하지 못하고 있을 때 '자주 걸리던 불안의 덫에 또 걸린 게 아닐까?' 하고 의심해보라.

자주 걸리는 덫에 빠졌을 때 사용할 대응책을 항상 마련해두어라. 가령, 당신이 목표를 너무 높게 잡았다가 지레 겁을 먹고 아무것도 못하게 되는 때가 많다면, 대응책은 '두려움이 들지 않는 수준으로 목표를 낮춰 잡기'가 될 것이다. 가능하다면 이런 방식으로 불안의 덫에 걸린 순간 즉시 탈출할 수 있어야 한다. 그렇지 않다면 일주일 점검사항 목록에 추가해두어라.

하루 종일 불안에만 매달릴 필요는 없다

혹시 불안을 관리하는 데 평생을 매달리고 싶지는 않은가? 당신의 판단은 옳다. 지금부터 심리치료사를 제2 혹은 제3의 직업으로 갖지 않아도, 불안을 다스릴 도구 및 전략을 지속적으로 강화할 몇 가지 길을 소개하고자 한다.

하나는 이미 다룬 적이 있다. 고치고자 하는 생각을 하루에 하나 정도로 줄이고, 그때그때 헤쳐 나가지 못한 불안의 덫은 적어두었다가 일주일 단위로 점검하는 방법이다.

두 번째 방법은 이 책의 내용을 다시 살펴볼 날을 미리 달력에 적어두는 것이다. 책을 덮어두고 당신의 삶을 살다가 6개월 뒤 다시 열어보라. 당신은 더 이상 인지행동치료에 관한 초보자가 아니라 중급자임을 스스로 깨닫게 될 것이다. 이미 기본적 개념에 친숙해져 있기에 책의 내용을 그때와는 다른 방향으로, 하지만 더 깊게 이해할 수 있을 것이다.

자기반성을 즐겨하고 스스로의 사고방식에 대해 고찰하기를 좋아하는 사람에게는 세 번째 방법을 추천한다. 반드시 불안을 유발하지는 않지만, 사람들에게서 흔히 볼 수 있는 생각의 오류는 셀 수 없을 정도로 많다. 인지행동적 아이큐를 높이고 싶다면, 이러한 생각의 오류에 빠지는 이유와 시기까지도 감지할 수 있을 정도로 레이더의 범위를 넓혀야 한다.

어떤 사람은 지금 단계에서 편향된 생각에 대해 더 많은 지식을 배우기는 부담스럽다고 생각한다. 하지만 더 이상 불안에 온 신경을 집중하지 않아도 된다는 사실, 그리고 누구나 잘못된 생각을 한다는 사실에 위안을 느끼는 사람도 있다. 다른 사람이 흔히 저지르는 잘못된 생각을 배우면, 하루 종일 불안에 신경 쓰지 않아도 인지행동 기법을 더욱 갈고 닦을 수 있다. 또한 불안과 연관 없는 잘못된 생각도 감지할 정도로 능력이 향상되면 불안을 유발하는 생각과 행동을 더욱 잘 잡아내게 된다.

10장에서는 불안을 낮추는 과정에서 자주 겪게 되는 어려운 고비를 돌파하는 방법을 자세하게 다루겠다. 내가 지적하려는 문제는 많은 사람이 문제라는 사실조차 깨닫지 못하는 것들이다.

불안을 다스리는 도구상자

불안할 때 겪게 되는
문제를 해결하라

지금까지 불안을 다루는 도구를 장만하는 단계였다면, 이제부터는 이를 강화하는 단계다. 이 과정에서 많은 사람이 중도에 넘어지지만, 무엇이 문제인지조차 모를 때가 있다. 지금부터 이 어려운 고비를 넘는 방법을 집중적으로 논의하겠다. 어떤 문제를 겪게 될지 미리 파악해두면 피하기도 쉽고 불안에 시달리지 않는 삶을 향해 더욱 빨리 달릴 수 있다.

○--○

다음 질문에 대답하면서 이 장이 당신과 얼마나 관련되는지 확인해보라. 당신에게 가장 맞는 항목을 고르되, 없으면 가장 비슷한 항목을 고르도록 하라.

1. 당신의 삶은 얼마나 안정되어 있는가?

Ⓐ 나는 매일 단 10분이라도 아무것도 하지 않고 기운을 회복하는 데 시간을 쓴다.

Ⓑ 나는 해소해야 할 스트레스가 조금 쌓여 있다.

Ⓒ 나는 삶에서 안정감을 거의 느끼지 못하며 이러한 말을 듣는 것조차 스트레스다.

2. 당신은 지금도 자기비판이 강한가?

Ⓐ 아니다. 나는 자기연민의 달인이 되었다.

Ⓑ 나는 자기연민이 늘기는 했지만, 때로는 여전히 훈련소

불안을 다스리는 도구상자

조교처럼 가혹하게 스스로를 대한다.

ⓒ 나는 여전히 자기비판적인 것 같다. 하지만 자기비판을
한다는 자각조차 잘 못한다.

3. 당신은 어떤 생각이 문제해결을 위한 고민인지, 아니면 되새김이나 두려움인지를 얼마나 잘 구별할 수 있는가?

Ⓐ 손바닥 보듯이 훤하게 알 수 있다.

Ⓑ 대부분 구별해내지만, 가끔은 되새김이나 두려움을 문제
해결 과정으로 착각한다.

ⓒ 여전히 문제해결에 많은 시간을 들여 고민하지만 효과적
인 행동으로 이어지지는 않는다.

4. 당신은 스트레스나 불안감을 다른 사람과 논의할 때 어디까지 털어놓을지 범위를 정해놓는가?

Ⓐ 털어놓는 편이 낫다고 판단되면 스트레스 받는 상황이나
불안감의 요점만 이야기한다.

Ⓑ 가능하다면 스트레스 받는 일을 다른 사람에게 털어놓는
우를 범하지 않는다.

ⓒ 스트레스와 불안감이 가득 찰 때면 하루 종일 그 이야기
로 떠들어야 한다.

5. 당신은 다른 사람을 설득할 때 얼마나 많은 시간과 노력을 들이나?

Ⓐ 필요한 만큼만 한다.

Ⓑ 필요한 만큼보다는 조금 더 한다.

Ⓒ 상대의 마음이 바뀌기를 기대하며 같은 이야기를 반복한다. 다른 사람을 질리게 만드는 소용없는 짓이라는 것을 알고는 있지만, 매번 '이번에는 다르겠지' 하는 마음으로 계속한다.

6. 공황발작을 일으킬지도 모른다는 두려움이 삶을 즐기는 데 방해가 될 정도인가?

Ⓐ 아니다.

Ⓑ 아니다. 하지만 '공황발작을 일으키면 어떻게 하나?' 하는 두려움은 조금 있다.

Ⓒ 그렇다. 나는 공황발작이 두려워 경험하지 못한 일이 몇 있다.

다음은 가장 많이 선택한 항목에 대한 해석이다.

주로 A를 선택했다면?

당신은 불안과의 게임에서 이기고 있다. 또한 다른 사람들

불안을 다스리는 도구상자

이 자주 걸리는 지속적인 불안을 유발할 수 있는 함정에 그리 쉽게 걸리지도 않는다. 그래도 이 장을 읽으면 당신의 불안을 다스릴 도구를 최적화하는 데 도움이 될 정보를 조금이나마 얻을 것이다.

주로 B를 선택했다면?

아무리 이 책에서 가르쳐준 도구와 전략을 잘 활용하는 사람일지라도, 지속적인 불안을 유발하는 함정에 빠지기 쉬운 고비가 있다. 결과가 B로 나왔다면 이러한 함정에 빠질 위험이 상당히 크다는 뜻이다. 이 장을 통해 당신이 특히 함정에 빠지기 쉬운 구간은 어떤 곳이며 해법은 무엇인지 파악해두자.

주로 C를 선택했다면?

당신은 인지행동치료를 열심히 배우고 실천한다 하더라도 지속적인 불안을 유발하는 함정에 빠질 위험이 매우 크다. 그러한 함정에 빠지지 않기 위해서는 이 장을 주의 깊게 읽고 결과를 C에서 A로 바꿔야 한다.

○--○

성공으로 가는 길은 평탄하지 않다. 길을 가로막는 큰 바위를 만날 때도, 구덩이에 빠질 때도 있지만 극복할 수 없는 시련은 아니다. 그런 상황을 타개할 방법을 숙지하라. 이는 불안을 안고 살아가는 방법과 같다. 사람들이 자주 함정에 빠지는 구간을 미리 알아두면 고비를 넘는 데 많은 도움이 된다. 이 장을 읽다 보면 '바로 내 이야기잖아?' 생각하는 순간이 너무 많아 불편한 기분이 들 수도 있다. 그럴 때면 이것들은 아주 '흔한' 상황이라는 내 말을 기억하고, 자책하지 않기를 바란다.

생활방식이 불안정하다면

내가 만나본 불안한 사람들은 대체로 과도한 책임감을 가지고 있다. 그들은 그 누구도 실망시키고 싶어 하지 않으며, 다른 사람에게 폐를 끼치기 싫어서 또는 갈등을 피하기 위해 항상 열심히 일한다. 또한 자신의 능력을 평가하는 잣대가 아주 높은 편이다. 이들은 대체 무엇을 위해 이렇게 과도한 짐을 떠맡는 것일까?

사실 많은 사람이 자신의 생활방식을 어떻게 바꿔야 스트레스를 줄일지 이미 알고 있다. 만약 회사에서 주 40시간 노동은 꿈도 못 꿀 정도로 당신의 노동력을 한계까지 쥐어짜내고 있다면 때려치우는 것이 정답이리라. 그 일을 수락한 당신에게도 일정 부분 책임이 있다며 죄책감을 강요하는 주장은 웃기는 소리다. 또는 불확실함을 감내하고 다른 사람에게 내 일의 일부를 의뢰하는 모험이 필요할 수도 있다. 이런 일로 불안해하는 사람은 '하루 종일 일하지 않으면 시간을 낭비하는 것 같다'는 생각을 참는 법을 배울 필요가 있다.

불안을 다스리는 도구상자

모든 사람에게는 일상의 스트레스를 해소하기 위한 재충전의 시간이 필요하다. 과중한 업무에 시달리고 있을 때 자연스럽게 유발되는 불안감은 '잘못된 경보'가 아니다. 이는 당신의 생활방식에 변화가 필요하다는 진짜 경보다.

생활방식을 바꾸면 스트레스에 대처할 여유와 자원이 크게 증가한다. 꽉 짜인 시간표가 불안문제의 근원이라면 내면적 변화로는 대처할 수 있는 한계가 명확하다. 나는 내 병원을 찾아온 환자들 중 눈코 뜰 새 없이 바쁘게 지내는 사람에게는 스케줄을 줄여보도록 유도하고 있으며, 이것이 좋은 결과로 이어진 사례를 수도 없이 보았다.

하지만 생활방식을 여유롭게 바꾸면 바쁜 사람들과 비교당할까봐 두려워하는 사람이 많다. 그러나 당신에게 맞는 스케줄을 짜는 데 있어서 다른 사람과의 비교는 불필요하다(비교할 수도 있다. 하지만 도움이 되지는 않을 것이다). 그 사람에게는 안정적으로 소화 가능한 스케줄이라 하더라도 당신에게도 그러리라는 보장은 없다.

생각전환 : 삶의 변화는 시간관리 같은 외부적 상황의 변화와 사고방식 같은 내면의 변화가 더불어 일어날 때 느낄 수 있다. 당신의 하루 일과표에서 더 많은 여유 시간을 확보하기 위해 넘어야 할 심리적 장애물은 무엇인가?

자기비판을 멈출 수 없다면

불안을 유발하는 습관 중에 특히 버리기 어려운 습관이 바로 자기비판이다. 하지만 이는 반드시 버려야 할 습관이다. 뜻대로 되지 않는 문제에 대처할 때, 자기비판이 아닌 자기연민을 활용해본다면 어느 쪽이 훨씬 좋은 선택인지 금방 알게 된다. 당신 자신에게 따뜻함을 베풀면 정신적 여유가 생겨나고, 문제를 해결하기 위해 필요한 것이 무엇인지를 명확하게 인지할 수 있다. 또한 당신에겐 충분히 문제를 해결해나갈 능력이 있다는 자신감까지 얻을 수 있다.

생각전환 : 자기연민 연구의 대표자인 크리스틴 네프Kristin Neff 박사는 고맙게도 자신의 홈페이지(self-compassion.org)에 자기연민 테스트를 공개해두었다.[59] 이 짧은 테스트를 한번 해보라. 홈페이지에서 답을 자동으로 집계하여 당신에게 얼마나 더 많은 자기연민이 필요한지 알려준다.

만약 낮은 점수를 기록했다면, 일정 기일이 지난 후에 다시 테스트해보도록 달력에 표시를 하라. 3개월 또는 1개월에 1회 정도면 좋다. 모범생이 되고 싶은 사람은 점수를 기록한 그래프를 만들어 당신이 긍정적으로 개선되고 있다는 사실을 명확하게 확인하라.

크리스틴 박사의 홈페이지와 저서《자기연민(Self-Compassion)》에는 모두 자기연민을 강화할 훈련 방법이 소개되어 있다. 그중

에는 마음챙김 명상과 같이 이 책에서 이미 살펴본 친숙한 주제
도 있다. 자기연민을 더 잘하고 싶은 사람은 5장에서 다룬 내용
에 크리스틴 박사의 훈련을 추가하면 좋다. 자기연민은 최근 심
리학계에서 가장 뜨거운 주제이므로 관심 있는 사람은 인터넷 검
색을 통해 더 많은 훈련법을 찾을 수 있다.

간혹 자기연민 훈련법을 처음 접했을 때 뉴에이지나 사이비
유사과학처럼 느껴진다는 사람도 있다. 당신도 그렇다면 마음에
드는 다른 자기연민 훈련법을 검색해보라.

끝없는 검색, 되새김, 두려움을 용납하고 있다면

어쩌면 되새김이나 두려움을 용납한다는 내 말에 실소를 보일지
도 모르겠다. 누구인들 되새김이나 두려움이 멋대로 계속되기를
원하겠는가? 하지만 되새김이나 두려움은 행동을 준비하는 과정
또는 앞으로 발생할 문제에 대비하는 과정이라는 가면을 쓰고 활
동한다는 사실을 명심해야 한다.

앞으로 어떻게 행동해야 할까? 이때까지 못한 이유는 무엇일
까? 다른 사람은 왜 그렇게 행동하지? 어느 쪽을 선택해야 할까?
지금 또는 앞으로 발생할 문제는 없나? 이러한 질문에는 끝없는
반복을 용납하기 쉽다. 앞서 언급했듯이 해결책은 우선 문제가
무엇인지 명확히 정의한 다음, 앞으로 나아가기 위해 할 수 있는
최선의 일들을 선택지 형식으로 간략하게 만들고, 그중 하나를

골라 언제 어디서 실행할지 정하는 것이다.

이것 외에 다른 생각을 '문제해결' 또는 '실행계획'이라 판단하고 계속하는 것은 아닌지 다시 한 번 진지하게 자문해보기를 바란다. 오래도록 생각만 계속하는 일이 편하게 느껴진다는 말은 인스턴트식품만 계속 먹는 것이 편하다는 말과 같다. 그 순간에는 편안할지 몰라도 장기적으로는 당신이 진정으로 원하는 목표와 멀어지는 결과를 초래한다.

쓸모 있는 고민과 쓸모없는 고민을 구분하는 기술은 과학이라기보다는 요령이다. 가령, 내 경우에는 산책을 하거나 표면적으로 놀고 있을 때에 일 생각을 하면 훌륭한 아이디어가 떠오를 때가 많다. 하지만 퇴근길에 운전하면서 일 생각을 하면 쓸데없이 결정을 번복하거나 마음속으로 대화를 되새김질하기 십상이다.

생각전환 : 당신은 어떨 때 생산적인 아이디어가 많이 떠오르는가? 그 반대의 경우는? 각각에 해당하는 사례를 하나 이상 적어보아라.

자기계발에 중독되었다면

지금 논의할 주제는 모든 사람에게 해당하지는 않지만 특정한 부류의 사람들을 위해 언급할 필요가 있다.

자기계발서를 꾸준히 읽는 사람은 스스로에게 어떤 한계를 설정하고 싶어 하는 사람일지도 모른다. 새로운 자기계발 관련 정

불안을 다스리는 도구상자

보를 일종의 심리적 위안거리로 삼는 것이다. 꼬인 문제를 한 방에 해결할 신의 한 수와도 같은 자기계발 비법을 찾으면, 그 어느 때보다도 확고하고 신속하게 실행에 옮길 수 있으리라는 기대를 내려놓지 못한다. 당신이 여기에 해당한다면 읽던 책을 덮고 자신이 알고 있는 가장 중요한 자기계발 비법을 행동으로 옮겨야 한다.

생각전환 : 당신은 오로지 책만 읽고 행동은 전혀 하지 않는 '자기계발 중독자 클럽'의 정회원인가? 그렇다면 잠시 동안 자기계발서를 읽지 않는 기간을 가져보라. 가령, '2주 동안 새로운 자기계발서를 읽지 않겠다'고 결심한 뒤 실제 경과를 지켜보라.

새로운 자기계발 시도가 문제라는 뜻은 아니다. 그보다는 깨달은 바를 그다지 실천하지 않는 태도, 하다못해 가장 중요하다고 생각되는 것조차 우선 시행해보지 않고 계속해서 책만 읽는 태도가 문제라는 뜻이다. 약속한 2주 동안 새로운 책을 읽지 말고 앞 장에서 언급한 행동 전환 전략을 하나 골라 실천으로 옮겨보라. 하나의 전략을 택한 뒤, 3~6개의 선택 가능한 실천사항 목록을 만들고 그중 하나를 골라라. 그리고 언제 어디서 실행할지를 결정하라.

스트레스와 불안에 시달리고 있다고 자주 말한다면
너무 많은 스트레스에 시달린 나머지 다른 사람과 대화할 때도 끝없이 그 이야기만 하고 있을 정도라면, 어느 정도 상한선을 그 어놓도록 하라. 특히 결혼을 준비하는 사람에게 해주고 싶은 조언이다.

사례를 하나 들어보겠다. 내 환자는 법적 소송 중이었는데, 그녀의 이웃 다수가 관련된 사항이었다. 그녀는 비슷한 처지의 이웃들과 소송의 동향에 관해 계속해서 연락을 취하고 있었으며, 새로 입수한 정보를 남편과 논의하는 데 상당한 시간을 소모했다. 문제는 이 일로 그녀가 아주 불행해졌다는 것이다. 실제로는 그렇게 지속적으로 주변 이웃의 소식을 모니터링할 필요가 없었다. 그녀의 변호사는 일이 어디까지 진행되었는지, 추가로 필요한 정보가 무엇인지를 그녀에게 정기적으로 알려주고 있었다. 아직 일어나지 않은(실제로는 거의 일어나지 않을) 문제를 두고 끊임없이 마음속으로 대책을 세우고 있었다는 것은, 자신에게는 정작 필요할 때 적절한 판단을 내릴 능력이 없다고 시인하는 것이다. 이 환자는 문제가 발생했을 때 충분히 대처할 수 있었는데도 그랬다.

스트레스 받는 일이 있을 때마다 문자나 메일을 보내기보다는, 하루를 마무리하는 시간이 올 때까지 기다렸다가 한꺼번에 이야기하면 손쉽게 스트레스에 관한 대화의 양을 줄일 수 있다. 배우자 혹은 연인과 특별한 주제를 논의할 때는 매일 이야기하기보다는 일주일에 1회 미리 정해둔 시간에 대화를 나누는 것도 괜

불안을 다스리는 도구상자

찮다.

불안한 감정을 어디까지 내비쳐야 할지를 정해놓는 것 역시 좋은 생각이다. 일기예보를 하듯이 매일매일 타인에게 당신의 불안을 공개할 필요는 없다. 친구나 연인도 당신의 모든 불안 유발 요소와 불안한 심정을 매일같이 듣다 보면 싫증을 낼 수 있다.

생각전환 : 당신에게는 상한선을 정해두지 않으면 끝없이 다른 사람에게 털어놓을 것 같은 특별한 고민거리가 있는가?

다른 사람에게 너무 많은 책임감을 느낀다면

과도한 책임감이라는 주제로 돌아가보자. 불안한 사람은 때로 타인을 설득하기 위해 너무 많은 시간과 에너지를 쏟는다. 이럴 때는 당신의 목표와 당신 자신에게 집중하기 싫어서 일종의 회피로 다른 사람에게 집중하는 것은 아닌지 주의 깊게 성찰해야 한다. 당연한 말이지만, 다른 사람을 바꾸기 위해 애쓰기보다는 자신의 마음을 바꾸기 위해 노력하는 편이 더 수월하다. 불안을 타고난 사람이 이 함정에 걸리기 쉬운 또 다른 이유는, 이들이 불필요할 정도로 과도하게 집착하는 경향이 있기 때문이다. 불안한 사람은 때로 차라리 포기하는 편이 나은 상황에서도 거듭해서 시도하고 또 시도한다.

생각전환 : 혹시 누군가를 계속해서 설득 중이지만 잘 넘어오지 않는가? 그렇다면 안 되는 줄 알면서도 '이번에는 다르겠지'

하는 생각으로 똑같은 방법을 계속 시도하지는 않는지 되돌아보라. 그 사람을 설득하려는 노력을 포기하면 어떻게 될 것 같은가? 그 사람의 어떤 행동에 대해 일상적으로 불평을 늘어놓고 있었다면, 불평을 그만두는 대신 무엇을 하면 좋을지 생각해보라.

공황발작을 두려워한다면

우선 알아둘 것은, 이전에 공황발작을 일으킨 적이 없는 사람이 갑자기 공황발작이 날까 걱정할 필요가 전혀 없다는 사실이다. 다음의 팁은 과거에 특이한 공황발작으로 고생한 경험이 있고, 그에 대처할 수단을 마련해두길 원하는 사람들을 위한 것이다.

공황발작은 짧지만 강렬하게 일어나며 10~20분 사이에 최고조에 이르는 경향이 있다(드물지만 1시간 이상 증상이 지속될 때도 있다).[60] 우리의 몸은 이 같은 극도의 불안 반응은 아주 짧은 시간만 지속되도록 설계되어 있다. 역사상 공황장애 상태가 영원히 지속되는 불안증세를 보인 사람은 단 1명도 없었다. 이는 생리학적으로 불가능하다. 우리 신경체계는 한쪽에서 공황발작을 일으키면 다른 쪽에서 발작을 가라앉히도록 만들어져 있다. 올라가면 반드시 내려오게 되어 있는 것이다.

실제로 공황발작을 멈추기 위해서는 아무것도 할 필요가 없다. 당신이 무슨 조치를 취하건 말건, 심지어는 완전히 잘못된 대처를 하더라도 공황발작은 알아서 사그라지게 되어 있다. 물론

불안을 다스리는 도구상자

여기서 제시하는 방법을 따르면 공황발작에 대비할 수 있다는 기분에 든든해질 수는 있다. 하지만 이 모든 내용을 잊고 책도 찾아볼 수 없는 상태에서 갑작스레 공황발작을 일으키게 된다 하더라도 여전히 아무 문제가 없을 것이다. 공황발작이 일어났어도 당신의 몸은 원래대로 돌아가는 법을 알고 있다는 사실을 기억하고 마음 편하게 있어라.

만약 불안감이 폭발해 공황 상태에 빠질 것 같은 기분이 든다면, 가장 먼저 해야 할 일은 생리학적 대처다. 잘못된 생각을 바로잡겠다는 생각을 버려라. 정말로 공황 상태에 빠졌을 때는 궁리하려 하지 말고 생각을 멈춰라. 인간은 공황 상태에 빠지면 생각을 멈추는 대신 행동으로 대응하도록 진화했다. 불안 시스템 전체가 '싸우자', '도망쳐', '꼼짝 마'라는 긴급명령 중 하나를 온전히 따르게 된다. 하지만 당신은 원래 상태로 되돌아가고 싶어 할 것이다. 그럴 때는 다음의 전략을 활용해보라.

- 숨을 천천히 쉬어라 : 공황 상태를 안정시키고 싶으면 숨을 천천히 쉬는 연습을 해두라. 연습 방법은 4장을 참고하라.
- 신체적 접촉 : 양팔을 문지르고 주무르거나(옷이 아닌 피부에 직접 닿아야 한다) 다른 사람이 꼭 안아주면 옥시토신이 어느 정도 분비된다.
- 체온 조절 : 체온 조절은 신경체계를 일시적으로 마비시키

고 육체를 안정시킴으로써 느리고 차분한 생각을 유도하는 데 탁월한 효과를 발휘한다. 체온 올리기와 내리기 중 당신에게 잘 맞는 쪽을 고르면 된다. 가령, 체온을 올리고 싶으면 목욕이나 샤워를 하고, 내리고 싶으면 얼음이나 아이스크림을 먹으면 된다.

체온을 조금 더 내리고 싶으면 세숫대야에 물을 받고 얼음을 적당히 넣은 다음 얼굴을 담가보라. 이는 마샤 리네한 Marsha Linehan 박사가 개발한 변증법적 행동치료(DBT)에서 유래한 기법이다.[61] 우리 몸은 차가운 물에 들어가면 에너지를 보존하려는 특성이 있으며, 잠수 기법은 이를 자극하는 기법이다. 이 같은 상황에서 사람의 신체는 많은 에너지를 사용하는 신체 시스템의 활동을 자연스럽게 감소시키도록 되어 있다. 예를 들면, 불안 관리 시스템이다.

하지만 잠수 반응 기법은 심장질환 병력이 있거나 섭식장애 때문에 심장이 약해진 사람에게는 좋지 않다. 이 책의 짧은 설명만 읽고 바로 실행에 옮기지 말고, 좀 더 세부적인 지침과 주의사항을 찾아보고 의사와 상담한 뒤에 시도해보라. 얼음이 없으면 냉동실에서 적당한 물건을 꺼내 얇은 천(낡은 티셔츠나 수건 등)으로 감싸고 얼굴에 몇 초간 대었다가 떼기를 반복해도 된다.

• DBT 고통감내기술[62] : 변증법적 행동치료에는 극도의 불안

불안을 다스리는 도구상자

을 다스리는 데 유용한 기법이 몇 가지 더 있다. DBT와 인지행동치료는 몇 가지 공통점이 있지만 차이점도 있는 일종의 사촌 관계다. DBT는 원래 경계성 인격장애를 앓는 사람들을 위해 만들어진 기법이고, 그중에 극도로 고조된 감정을 다스리는 기법이 몇 가지 포함되어 있다.

- 운동 : 정신적으로 괴로울 때는 남는 에너지를 운동으로 태워주면 쉽게 차분한 마음으로 돌아온다. 하다못해 집에 있는 어린이용 트램펄린에서 뛰기라도 하라.

- 우유, 우유, 우유 기법[63] : 이 기법은 100년도 전에 만들어졌지만, 수용전념치료(ACT)라는 기법의 일종으로 유명해졌다. 수용전념치료는 스티븐 헤이스Steven Hayes 박사가 창안한 뒤로 광범위하게 연구되고 있다.[64] 수용전념치료 역시 인지행동치료의 사촌형제나 다름없으며, 두 기법 사이의 공통점과 차이점에는 모두 상당한 중요성이 있다.

이 기법을 시도할 때는 우선 당신 머릿속에서 반복적으로 떠오르며 스트레스를 유발하는 단어 하나(이별, 외톨이, 겁쟁이, 바보 등)를 정한다. 그 단어를 30초에서 2분 정도 빠른 속도로 반복해서 말한다. 이 기법이 우유, 우유, 우유 기법으로 불리는 이유는 심리치료사들이 피시술자에게 설명할 때 '우유(milk)'라는 단어를 이용하기 때문이다.

그래서 이 기법이 무슨 효과가 있느냐고? 괴로운 기억이 연상되는 단어에 자꾸자꾸 스스로를 노출시키면, 괴로운 기억이 점차 잘 떠오르지 않게 되며 결국에는 그냥 지나가는 소리로 들린다.

- 함께 있어줄 사람을 찾아라 : 만약 당신이 공황발작을 태어나 처음으로 겪는다면 발작이 누그러질 때까지 누군가 곁에 있어주기를 바랄 것이다. 실제로 곁에 있어주지 못하면 전화나 화상통화를 이용해서라도 함께 있기를 바란다. 혼자 있어도 공황발작은 해소되겠지만, 이런 일을 처음 겪을 때는 누군가 곁에 있어줄 때 더욱 안정감을 느낄 수 있다. 하지만 헤어진 연인을 찾지는 말라. 괜히 벌집을 들쑤셔 상황만 복잡해질 수 있다.

공황발작에 관한 마지막 주의사항이다. 공황발작을 한두 차례 겪었다는 사실이 앞으로도 수시로 공황발작에 시달린다는 의미는 아니다. 나는 선천적으로 5~10년 주기로 공황발작을 겪는 사람을 아주 많이 알고 있다. 공황발작도 불쾌하지만, 더 불쾌한 것은 다음에 또 발작이 찾아오리라는 두려움이다. 당신을 계속되는 불안으로 몰아넣는 함정은 실제 공황발작으로 인한 문제보다는 공황발작에 대한 두려움인 경우가 훨씬 많다.

만약 당신이 공황발작을 자주 일으키는 사람이라면, 공황발작에 특화된 인지행동치료를 할 줄 아는 심리치료사를 찾아가면 대부분 해결된다. 장담할 수 있다. 단, 치료 과정에는 공황장애에 가장 효과가 좋은 '내부자극노출' 기법이 포함되어 있어야 한다.[65] 내부자극노출 기법은 인터넷 무료 프로그램을 통해 직접 시도해 볼 수 있다.[66]

하지만 약물이나 알코올에 의해 공황발작이 일어난 경우에는 혼자만의 어설픈 판단으로 증상을 악화시키지 말고 반드시 전문가에게 도움을 요청해야 한다. 약이나 알코올로 인한 공황발작은 일반적인 공황발작에 비해 대단히 예측 불가능하다.

11장
。

당신의
본모습을 사랑하라

마지막 11장의 목표는 당신이 자신의 본성을 참고 인내하는 사람이 아니라 사랑하는 사람이 되게 하는 것이다. 여기까지 잘해온 만큼 마지막까지 유종의 미를 거두기 바란다.

○--○

다음 질문에 대답하면서 이 장이 당신과 얼마나 관련되는지 확인해보라. 당신에게 가장 맞는 항목을 고르되, 없으면 가장 비슷한 항목을 고르도록 하라.

1. 당신은 당신의 근본적 자아를 얼마나 좋아하는가?

Ⓐ 나는 자신에게 만족하며 평안함을 느낀다.

Ⓑ 나는 내가 괜찮은 사람이라고 생각하는 편이지만, 기복이 있다.

Ⓒ 나는 타고난 내 모습이 싫어서 자주 괴로워한다.

2. 당신이 특별히 불안을 타고난 사람이 아니라는 것을 쉽게 깨달을 때가 있는가?

Ⓐ 비록 내가 불안을 타고났기는 해도, 스스로에게 만족하고 자신감이 솟을 때가 있음을 안다.

Ⓑ 나는 불안을 유발하는 상황에만 주로 주의를 기울이기 때문에 다른 상황에 대해서는 잘 모르겠다.

Ⓒ 나는 사실상 단 한 번도 자신감, 자기만족, 낙관주의적 정

체성을 가져본 적이 없다.

3. 당신이 인간으로서 어떤 강점을 지니고 있는지 아는가?

Ⓐ 이 자리에서 그 목록을 읊을 수 있다.

Ⓑ 어느 정도는 안다. 몇 가지 강점은 말할 수 있지만 많지
는 않다.

Ⓒ 내 약점에 대해서는 오랫동안 고민해봤지만 강점은 생각
해본 적이 없다.

4. 당신의 마음속에 아직 남아 있는 고정형 마인드셋이 있는가?
최종 목표를 이루기 위해 반드시 필요한 능력이지만, 내심 '나는
이 능력을 더 향상시킬 수 없어'라고 생각하지 않는가?

Ⓐ 아니다. 나는 얼마든지 좋아질 수 있다.

Ⓑ 나는 여전히 강점과 재능을 극대화하는 능력이 부족하다
고 생각한다.

Ⓒ 내가 성공하기 위해서는 반드시 필요한 능력이지만, 여
전히 절대로 능숙해질 수 없을 것 같은 일이 있다.

5. 당신을 지지해주는 사람들 중에 당신이 스스로를 긍정적으로
생각하고 받아들이도록 용기를 북돋아주는 사람이 있는가?

Ⓐ 있다.

Ⓑ 두어 명은 있다. 하지만 조금 더 있었으면 좋겠다.

Ⓒ 없다.

6. 당신을 지지해주는 사람들 중에 당신이 망설이고 있을 때 등을 떠밀어주는 사람이 있는가?

Ⓐ 있다.

Ⓑ 아마도 1명.

Ⓒ 없다.

다음은 가장 많이 선택한 항목에 대한 해석이다.

주로 A를 선택했다면?

당신은 스스로를 인정하고 자신감을 부여하고 있으며, 훌륭하게 자신의 길을 걷고 있다. 당신의 강점을 알아보고 지지해주는 주위 사람들도 있다. 또한 당신의 본성을 어느 정도 유동적으로 바라볼 줄도 안다. 가령, '나는 불안해할 때도 있지만 자신감이 넘칠 때도 있어'라고 생각하며, 흑백논리에 빠져 둘 중 하나의 모습만을 지닌다고 생각하지는 않는다.

주로 B를 선택했다면?

당신은 전반적으로 당신의 타고난 본성을 긍정적으로 바라보지만, 실제로는 언제든 무너질 수 있다. 당신의 긍정적 자기인식은 기분에 따라서 혹은 살면서 겪게 되는 이런저런 사건에 따라 좋아졌다 나빠졌다 한다. 이 장은 당신이 지닌 가장 큰 강점이 무엇인지 분명히 찾을 수 있도록 도와준다.

주로 C를 선택했다면?

당신의 불안을 낮추는 데에 부정적 자기인식은 가장 큰 장애물이다. 어쩌면 부정적 자아에 대한 신념이 심각한 수준에 이르러 '나는 무능해', '쓸모없어', '약해빠졌어' 같은 생각을 하고 있을지도 모른다. 이 장은 당신이 이와 반대되는 생각을 굳게 가지도록 도울 것이다.

병원을 찾아온 환자들이 정상적인 치료 과정을 다 마치면 대개는 자신의 불안한 천성을 훨씬 더 잘 받아들이고 인내하게 된다. 그들은 불안한 본성을 안고서도 훌륭히 살아가고 있으며 별다른 감정적 기복 없이 더욱 생산적으로 활동하게 되었다. 하지만 여전히 자신의 불안한 본성을 일종의 약점으로 여기는 경우도 많았다. 그들의 표현에 따르면, 자신들의 근본적 본성의 테두리가 조금 확장된 듯한 느낌이라고 한다.

있는 그대로의 당신을 좋아하는 것은 참으로 중요하다. 연쇄살인범이라도 되지 않는 한, 세상 그 누구도 자기 자신을 좋아하

불안을 다스리는 도구상자

는 일 따위로 감정적 고통을 느낄 이유는 없다. (그래, 당신 말이야. 당신. 까짓 흠 좀 있으면 어때?) 이 장은 당신이 본성을 억지로 참고 살기보다는 정말로 좋아하며 살 수 있기 위한 길을 제시해준다.

불안한 반응을 보이지 않는 때가 언제인지 파악하라
제아무리 천성이 불안한 사람이라 하더라도 모든 상황에 불안한 반응을 보이지는 않는다. 당신이 불안한 반응을 보이지 않는 때가 언제인지 주의 깊게 살펴보라.

- 긍정적 예측이 자연스럽게 나올 때
- 쉽지 않은 일이지만 해낼 수 있다는 자신감이 들 때
- 피드백을 받고 절망하지도, 개인적으로 해석하지도 않을 때
- 망설임 없이 곧바로 원하는 바를 요청할 때
- 마음이 너그럽고 여유로울 때

당신은 때에 따라 쉽게 불안에 빠지기도 하지만, 반대로 자신감이 샘솟기도 한다. 쉽게 불안해하는 성격과 자신감은 상호 배척 관계가 아니라는 사실을 깨달아야 한다. 내가 만나본 모든 불안 관련 환자들은 예외 없이 본능적으로 자신감과 확신을 갖는 자신만의 분야가 있었다. 그럴 때는 누가 봐도 분명히 자신감이 넘쳐 보였다. 거짓말도 아니고 실수로 잘못 본 것도 아니다. 불안감과

자신감은 그들의 인성을 구성하는 하나의 요소로서 공존하고 있었다.

실제로 사람들은 자주 날 보고 자신감 있어 보인다며 칭찬을 한다. 내 사례를 읽어봤으니 알겠지만, 나는 한편으로는 대단히 불안에 쉽게 빠지는 사람이다. 나는 자신감이 넘치는 사람도 불안을 타고난 사람도 아니며, 이는 다른 모든 이들에게도 마찬가지로 진실이다. 둘 모두 내 본성의 한 부분으로서 공존한다. 나는 당신도 나와 같다고 확신한다. 의심이 들 때는 《오즈의 마법사》에 나오는 사자와 양철 나무꾼의 이야기를 떠올려보라. 사자는 자신에게 용기가 없다고 믿었고, 양철 나무꾼도 자신에게는 따뜻한 마음이 없다고 생각했다. 그들은 오래전부터 용기와 따뜻한 마음을 지니고 있었지만, 자신에게 그러한 자질이 있다는 사실을 깨닫지 못했을 뿐이다.

아무리 천성적으로 불안이 심한 사람이라 해도 모든 일에 불안해하지는 않는다. 내가 이것을 이토록 강조하는 이유는 뭘까? 당신을 특정한 하나의 유형으로 규정하기에는 모호하고 불분명한 영역이 있음을 알려주기 위해서다. 이는 생각의 틀을 유연하게 해주고, 당신 스스로를 고지식하게 규정하지 않도록 도와준다.

생각전환 : 다른 사람 같았으면 반드시 불안해했을 상황에서 당신은 불안해하지 않은 적이 있는가? 가능하면 최근의 기억으로 떠올려보라.

불안을 다스리는 도구상자

당신의 강점을 깨달아라

당신이 인간으로서 지닌 강점을 5가지 생각해보라. 직업과 관련한 것은 제외하라. 나는 일꾼이 아니라 '인간으로서'라고 했다. 즉시 떠오르는 바가 없다면, 무엇인가를 잘해냈을 때 혹은 스스로에게 좋은 감정을 가지게 될 때가 언제인지부터 생각해보라. 그리고 그런 상황을 만들어내는 데 당신의 어떤 점이 강점으로 작용했는지를 자문하라.

인터넷 검색으로도 자신의 강점을 찾아주는 공인된 테스트를 받을 수 있다. 공짜로 할 테스트는 널려 있다. 때로는 과학적인 근거가 높은 테스트라고 해도 많은 사람에게 유용하다는 평가를 받지 못하는 경우가 있음을 유념하라.

지금 찾아낸 당신의 강점들을 기록해두었다가 어려운 문제에 부딪혔을 때 꺼내보라. 가령, 당신의 강점이 임기응변이라면, 문제에 부딪혔을 때 자신이 임기응변에 능하다는 사실을 기억해내는 것이다. 심리적 유연성을 강화하기 위해서 당신의 강점을 활용하는 방법을 평소와는 다르게 해보기를 권유한다.[67] 가령, 임기응변에 능하더라도 평소에 혼자서 처리하는 방법을 주로 궁리했다면, 이번에는 다른 사람에게 부탁하는 방법을 궁리해보라. 성실함이 강점이라서 언제나 무리하게 일해왔다면, 이번에는 일하는 데 투자하는 시간과 에너지를 정해놓고 그 규칙을 지키는 성실함을 발휘해보라.

생각전환 : 당신이 인간으로서 지닌 강점을 5가지 적어보라. 이 목록은 언제든지 변경할 수 있으므로, (어쨌든 당신의 일이니까) 너무 완벽하게 맞히려고 노력하지 말라. 당신이 현재 해결해야 할 일이나 문제는 무엇인가? 앞에서 정리한 강점을 활용하여 일을 해결할 새로운 방법을 모색해보라.

아직 남아 있는 고정형 마인드셋을 극복하라

많은 사람에게 고정형 마인드셋은 끊임없이 극복해야 하는 문제다. 고정형 마인드셋은 자신의 능력이 더 이상 발전할 여지가 없다는 믿음이며, 앞서도 논의했듯이 스스로를 과소평가하게 만드는 요인이다.

고정형 마인드셋은 극복하기 위해 끊임없이 노력해야 한다. 이 문제가 왜 중요하냐면, 고정형 마인드셋이 있으면 자신이 정체되어 있거나 결함이 있다는 인식을 갖기 쉽기 때문이다. 6장에서 '나는 창의적인 아이디어가 없는 사람이야'라는 생각을 어떻게 극복했는지를 다시 상기해보라. 고정형 마인드셋에 관한 또 다른 예는 4장에서 잠시 언급했던 '나는 인맥 쌓기를 못해'라거나 '나는 협상을 잘하지 못해'라는 생각을 극복하는 사례가 있다.

고정형 마인드셋을 극복하는 열쇠는 '고정된' 능력을 향상시킬 효과적이면서도 당신에게 잘 맞는 방법을 찾는 것이다. 인맥 쌓기를 예로 들어보겠다. 내 경우에는 페이스북 전문가 그룹을 통해 인맥 쌓기를 즐겨한다. 이 그룹의 참여자들은 서로 질문과 답변을 주고받고 유용한 정보를 공유한다. 이곳의 매력은 참가자들이 자신의 의도와 시간에 맞춰서 편하게 이용할 수 있다는 것이다. 이로써 나는 내 강점(IT 기술 활용)과 선호도(정장을 입을 필요가 없다)에 맞는 방법으로 인맥을 늘릴 수 있었다. '나는 인맥을 쌓을 줄 모르고 앞으로도 못할 거야'라는 고정형 마인드셋을 바꾼 것이다. 이제는 내가 인맥 쌓기를 싫어한다는 믿음조차도 바뀌었다.

고정형 마인드셋을 떨쳐내기 힘들 때는 당신의 타고난 본성, 재능, 선호도에 맞게 능력을 향상시킬 방법이 없는지 찾아보라. 만약 스스로를 자꾸 나쁘게 보고 있다면 그것이 고정형 마인드셋으로 인한 문제가 아닌지 자문해보고 대안이 될 성장형 마인드셋을 찾아야 한다.

생각전환 : "나는 수학을 좋아하지 않아요"라고 말하는 어린이의 진짜 문제는 수학이 싫은 것이 아니라 어렵다고 생각하는 것이다. 당신이 싫어하는 기술(인맥 쌓기나 협상하기 등)은 무엇인가? 당신이 싫어하는 그 기술이야말로 극복해야 할 고정형 마인드셋으로 가득 찬 보물창고다. 당신의 주된 강점과 지식을 활용하여 싫어하는 분야의 기술에 능숙해질 방법은 없을까? 지금부터 적극적인 개선 노력을 기울일 필요는 없으며, 우선은 생각의 실험만으로도 충분하다. 가령, 화학에 능통하지만 요리를 못한다면 요리를 화학적 측면에서 생각해보는 것부터 시작하면 좋다.

당신의 성격을 부정적으로 규정하지 말라

스스로의 성격을 부정적으로 규정하는 행위는 고정형 마인드셋보다 훨씬 더 심각한 문제다. '나는 이기적이야/초라해/사랑스럽지 않아/나약해/의존적이야/무능력해/쓸모없어' 같은 생각들은 모두 부정적 성격 규정의 예시다. 세상에 어느 누가 이런 말을 듣고도 힘을 낼 수 있을까? 하지만 자신이 이런 생각을 품고 있다는 사실을 깨닫지 못하는 사람도 많다. 이 같은 부정적 꼬리표는 글로 적었을 때 훨씬 충격적으로 들리게 마련이다. 만약 앞의 사례를 읽자마자 '나는 스스로를 이렇게 생각한 적이 단 한 번도 없어'라거나 '심각하게 우울한 사람만이 할 법한 생각이다'라고 반응했다면, 잠시 동안 정말로 그런 적이 없는지 확인해보기 바란다. 혹시 당신의 성격을 부정적으로 규정한 적이 20퍼센트 이하라서 그렇게 판단했다면 그조차도 문제가 될 수 있음을 유념하라.

부정적 자기 성격 규정에는 2가지 유형이 있으며, 양쪽 모두 변할 수 있다. 하나는 대단히 고정적인 유형이다. 이는 긍정적인 상태에 있을 때조차도 자신이 무능하다는 식의 부정적 성격 규정이 바뀌지 않는 경우다. 다른 하나는 그때의 기분 또는 불안감이나 스트레스의 정도에 따라서 좋고 나쁨이 바뀌는 유형이다. 이런 사람은 기분이 좋지 않을 때면 더욱 스스로를 부정적으로 규정하기 쉽다. 만약 부정적인 자기 성격 규정이 일시적인 요인(기분, 불안감, 스트레스 등)에 의해 바뀐다면, 이는 자신에 대한 부정적

불안을 다스리는 도구상자

견해가 결코 정해진 사실이 아니라 유동적 요인의 결과일 뿐이라는 증거다.

생각전환 : 부정적 자기 성격 규정을 긍정적으로 바꾸려면 다음 지시사항을 순서대로 따라해보라.

1. 당신이 선호할 만한 새롭고 긍정적인 자기 성격 규정을 선택하라. 지금까지 '나는 무능해'라고 생각해왔다면 '나는 유능해'를 고르면 된다.
2. 당신이 지금까지 해온 성격 규정을 얼마나 사실로 믿고 있는지 수치로 나타내보라. '전혀 믿지 않는다'를 0으로, '전적으로 믿는다'를 100으로 잡으면 된다. 새로운 자기 성격 규정에 대해서도 이와 같이 수치를 부여한다. 가령, '나는 무능해'에 95점을, '나는 유능해'에 10점을 준다. 양쪽의 합이 100점이 될 필요는 없다.
3. '긍정적 증거 기록'과 '과거 증거 기록' 노트를 만들어라. 지난날의 부정적 자기 성격 규정을 없애기보다는 새로 만든 긍정적 자기 성격 규정을 강화하는 편이 더 효과적이다. 이를 위한 2가지 생각전환을 소개하겠다. 참고로, 긍정적 증거 기록과 과거 증거 기록 훈련은 크리스틴 파데스키Christine Padesky 박사가 창안한 훈련법을 토대로 만들었다.[68]

긍정적 증거 기록 : 2주 동안 당신의 새로운 긍정적 자기 성격 규정을 뒷받침해줄 모든 증거를 기록하라. '나는 유능하다'를 새로운 성격 규정으로 삼았다면 일을 제시간에 맞춰 끝낼 때마다 그것을 기록해두는 것이다. 하지만 잘못된 판단으로 증거를 누락하지 않도록 주의하라. 실수를 저질렀어도 잘 처리했다면 그것은 무능의 증거가 아니라 유능의 증거다. 그러므로 긍정적 증거 기록에 적어야 한다.

과거 증거 기록 : 이 노트에는 지난날의 삶을 돌아보며 긍정적 자기 성격 규정의 증거를 찾아 기록한다. 이 실험은 자신의 본성 안에 변하지 않는 긍정적 요소가 있다고 믿는 사람들에게 유용하다. 실험에 앞서 자신의 인생을 몇 개의 구간으로 나누어라. 4~6년을 단위로 잘라도 좋지만, 아직 20대라면 3~4년 단위로 나누기를 추천한다.

계속해서 '나는 유능하다'는 자기 성격 규정을 예시로 들면, 유년기에서는 걸음마 떼기, 말 배우기, 친구 사귀기 등이 증거로 가능하다. 이와 같은 방식으로 증거를 찾아내면 된다. 10대 때는 운전면허 합격 같은 평범한 능력도 증거로 사용 가능하다(재수나 삼수를 했더라도 학교에 합격했다면 증거로 적어야 한다). 대학 새내기 때는 원하는 학과에 성공적으로 입학하고 학과 과정을 잘 마친 것도 유능함의 증거다. 정규 교과 과정을 마친 뒤에 스스로를 부양할 수 있는 직업을 갖고 거주지를 마련한 것 또한 마찬가지다. 사회적 영역에서도 증거를 찾아보라. 가령, 원하는 이성을 찾아 데이트에 성공했다든가, 반대로 사귀는 사이였지만 고심 끝에 나와는 맞지 않는 사람임을 깨닫고 관계를 정리한 경우도 가능하다. 앞의 사례들은 대체로 당신의 '무능함'보다는 '유능함'을 증명해준다.

긍정적 자기 성격 인식의 또 다른 예시로는 '나는 강하다'('나약하다'의 반대), '나는 사랑받을 자격이 있다'('사랑스럽지 않다'의 반대), '나는 존중받을 자격이 있다'('쓸모없다'의 반대) 등이 있다. 물론 '나약하다/강하다'처럼 반대 개념이 명확하게 하나일 때도 있지만, 그렇지 않고 여러 개 중에 하나를 골라야 할 때도 있다. 이때는 당신 마음대로 고르면 된다.

4. 이제 다시 한 번 긍정적 성격 규정과 부정적 규정의 점수를 산정해보라. 증거 노트를 작성하는 과정에서 조금이라도 변화가 있었을 것이다. 어쩌면 '나는 무능하다'가 95점에서 50점으로 낮아지고, '나는 유능하다'는 10에서 60으로 올랐을 수도 있다. 하지만 자기 성격이 부정적일 것이라는 믿음을 떨쳐내는 데는 오랜 시간이 걸릴 것이다. 애초에 컵라면 끓이듯이 즉석으로 해결할 수는 없는 문제다.

혹시 이런 유형의 치료를 계속하고 싶다면, 내 환자들 중 몇몇이 즐겨본 책《새로운 나를 여는 열쇠》를 추천한다.[69] 부정적 자기 성격 규정을 개선하는 일이 정말로 중요하다고 생각하는 사람에게 유용한 자료다. 심리치료사를 찾아가서 "잘못된 사고방식(추측하기, 개인적으로 받아들이기, 부정적 예측 등)을 개선하기 위해 여러 가지를 시도해보았지만 내 '핵심 신념'을 고칠 필요가 있다고 생각한다"고 이야기해도 좋다. 핵심 신념이란 내가 긍정적/부정적 자기 성격 규정이라고 부른 개념의 임상 용어로서 널리 쓰인다.

당신을 지지해주는 사람들을 찾아라

이 책은 대부분 당신의 내적 세계를 개선하는 데 초점을 맞추고 있다. 하지만 이 마지막 장에서는 다른 사람들이 당신에게 해줄 수 있는 일, 어쩌면 이미 베풀고 있는지도 모를 일에 대해 생각해보기 바란다. 첫째, 당신의 타고난 성격을 인정하고 좋아해주는 사람. 둘째, 해야 할 이유는 충분하지만 시도하기 두려운 일을 할 수 있도록 격려해주는 사람이다.

불안한 사람들은 자신을 지지해주는 사람들로부터 다음과 같은 기능적 도움을 받을 수 있다.

- 받아주는 사람 : 당신을 100퍼센트 받아줄 수 있는 사람이다. 이런 사람이 곁에 있으면 스스로를 인정하는 데 큰 도움

을 받을 수 있다. 또한 당신에게 다른 사람이 쉽게 받아들이지 못하는 유별나고 불완전한 구석이 있다고 해도, 그것이 치명적 결점이 되지는 않는다는 인식을 갖게 해준다. 하지만 이들도 당신의 타고난 성격을 받아주는 데 한계가 있게 마련이다. 가령, 당신이 격렬한 불안감에 휩싸여 광분하고 있을 경우에는 받아주지 못할 것이다.

- 등 떠밀어주는 사람 : "어서 가서 해!" 하고 당신의 등을 떠밀어주는 사람이다. 이상적으로는 당신이 성공을 추구하는 분야에서 이미 성공을 경험해본 사람이 자신이 지나온 길을 따라오라며 가볍게 손짓해주는 정도가 좋다. 당신이 이미 어느 정도 성공을 거둔 상태라면 당신보다 한두 걸음 앞서 나가는 사람이면 좋다.

- 생각을 정리해주는 사람 : 당신이 결정을 못 내려 고민하고 있는 문제를 함께 논의해주고 합리적인 의견을 제시해줄 사람이다. 이들은 당신을 대신해서 고민을 해결해주지는 않지만, 당신이 생각을 진전시키는 데 유용한 의견을 제시함으로써 일종의 음향 반사판(내가 연주한 악기 소리를 들어볼 수 있게 해주는 도구) 역할을 해준다.

하지만 이러한 지지자들이 하늘에서 갑자기 떨어지리라고 기대해서는 안 된다. 앞에서 언급한 기능 중 하나 혹은 그 이상을 제공해줄 사람과는 시간을 들여서 관계를 형성하고 키워나가야 하며 그 관계를 소중히 여겨야 한다. 대인관계에 관한 연구 결과에 따르면, 자신을 지지해주는 사람이 있으면 혼자서는 찾기 힘든 자신의 긍정적 자질을 발견하기 쉽다고 한다.[70] 좋은 지지자들은 당신 안에 있는 다양한 측면을 좀 더 명확하게 인지하게 해주며, 스스로를 좁고 부정적인 시각으로 바라보는 경향에서 벗어나게 해준다. 당신의 자신감이 커지고, 자기인식이 깊어지고, 자기수용이 많아질수록, 아무리 불안하고 상처받을 것 같은 상황에서도 행동을 시작하기가 점점 더 쉬워지는 것을 느낄 것이다.

불안을 다스리는 도구상자

이로써 우리가 함께하는 여정은 끝이 났다. 불안을 이해하고 헤쳐 나가는 법을 익히기 위해 많은 노력을 쏟은 당신께 감사를 드린다. 앞으로 몇 달간 당신 앞에는 이 책에서 깨우친 내용을 삶에 적용해볼 기회가 많이 나타날 것이다. 그 과정에서 당신이 깨우친 바를 어떤 상황에서도 타개책으로 사용할 무기로 벼려내기를 바란다.

당신의 성공을 진심으로 기원하며
엘리스

| 감 사 의 말 |

이 책은 대부분 내가 터득한 인지행동치료 지식과 불안의 인지적 행동적 사례 모델을 바탕으로 작성했다. 가장 먼저 불안의 심리학에 관한 집단 지성을 이룩하는 데 공헌한 수많은 연구자에게 감사를 드린다. 또한 나를 찾아준 환자들에게도 감사드린다. 나는 그들에게 심리학을 가르쳤지만, 그들도 나에게 각 개인의 심리학에 관해 많은 것을 가르쳐주었으며, 이 모든 일에 열성적으로 참여하고 협력해주었다.

이 책이 세상의 빛을 보기까지 참으로 많은 분의 손길이 있었다. 뛰어난 에이전트인 자일스 엔더슨 씨는 이 책의 아이디어를 불과 수개월 만에 출판 계약으로 이끌어줌으로써 책의 탄생에 큰

불안을 다스리는 도구상자

역할을 해주었다. 페리지 북스 사의 에디터 맥 레더 씨는 작가라면 누구나 만나고 싶어 하는 그런 편집자다. 그녀 덕분에 이 책이 더 훌륭해졌다.

심리학자로서 가스 플레처 교수님, 프란 버튜 박사님, 자넷 레트너 교수님 같은 훌륭한 멘토를 모실 수 있었던 건 내게 큰 행운이다. 나는 이분들 밑에서 능력과 자신감을 키울 수 있었다.

수도 없이 초안을 읽어주고 내가 스스로의 조언대로 행동하지 못할 때마다 일깨워준 나의 배필 캐서린 버넬 박사님께도 감사를 드리고 싶다. 조금 감성적인 인사말이 될지도 모르지만, 엄마에게 이 말은 드리고 싶다. 사랑해요. 언제나 같은 자리에서 나를 지켜봐주시는 엄마가 있어서 든든했고, 덕분에 안심하고 내 꿈을 향해 나갈 수 있었어요.

책 쓰기는 대체로 고독함을 감내하며 혼자 해야 하는 일이다. 하지만 사이콜로지투데이(PsychologyToday.com)에서 블로그 활동을 하며 만난 심리학 저술가들의 멋진 모임 덕분에 나는 그 어려움을 피할 수 있었다. 나는 가이 윈치 박사, 토니 버나드 법학박사, 아트 마크맨 교수, 수잔 뉴맨 박사, 민디 그린슈타인 박사, 바브 마크웨이 박사, 린 소라야, 멕 셀릭을 비롯한 나의 이웃 블로거들로부터 아낌없는 우정과 조언을 받았다.

| 옮 긴 이 의 말 |

솔직히 말하면, 나는 심리학이나 자기계발서와는 별로 친하지 않다. 딱히 자기계발서를 싫어하는 부류는 아니지만, 굳이 책을 읽을 거면 그거보다는 재밌는 역사나 소설책을 집어 드는 편이다. 심리학에 관심이 없진 않았지만, 내가 좋아하는 분야조차도 제대로 공부하지 못한 상태에서 감히 건드려볼 여력이 없었다. 그런 내가 심리학과 자기계발서 성격을 동시에 지닌 책을 번역하게 될 줄은 꿈에도 몰랐다.

어느 날 저녁식사 자리에서, 앞으로 이런 책을 번역하게 될지도 모른다는 이야기를 가족들에게 했다. "불안하고 초조하고 짜증나고 그런 상황에서 화를 가라앉혀주는 심리학적 기술에 관한 책인가봐"라는 말을 듣자마자 유치원에 다니는 큰딸이 "아빠! 그 책 꼭 번역해!"라고 소리쳤다. 왜 그러느냐고 물었더니, 두 눈을 반짝이며 "우리한테 짜증 좀 그만 내라고요"라고 대답했다. 그렇다. 상당히 부끄러운 이야기지만, 나는 때로 아이들에게 짜증을 부리곤 한다. 결코 좋은 모습이 아니라는 걸 나도 잘 안다. 그럴 때마다 후회하고 아이들한테도 사과한다. 고맙게도 아빠와는 달리 너그러운 마음씨를 지닌 '따님'들은 다음부터 조심하라고 용서해준다. 사실 나도 아이들의 주 양육자가 되기 전에는 내게 이런 면이 있는 줄 몰랐다. 아마도 공부하면서 깐깐해진 성격이 대학원을 그만두고 나서 이런 쪽으로 발현되는 것 같다. 여하튼, 큰딸의 그 대사는 내게 적잖은 충격을 주었다. 그래서 과연 내가 이 책에서 도움을 받을 수 있을까? 하는 마음도 들었다. 어쨌든 딸의 소망대로 나는 이 책을 번역하게 되었다.

그래서 이 책이 효과가 있었느냐고? 사실 아직은 크게 변하지 않았다. 하지만 달라진 게 하나 있다면 내가 왜 그러는지는 잘 알게 되었다는 것이다. 이 책을 읽고 나서야 내가 적잖이 불안에 시달리고 있었다는 사실을 알게 되었다. 겉으로는 태연한 척하지만, 속으로는 내심 불안과 걱정을 안고 산 모양이다. 그래서 계획대로 되지 않는 일이 자꾸 쌓일 때마다 안달이 났고, 이것이 좋지 않은 모양새로 표출된 것 같다. 이러한 깨달음만으로도 내게 많은 도움이 되었다. '계획대로 되는 인생이 어디 있어? 아이들이 내가 생각한 대로만 움직여줄 리는 없잖아?' 평범한 생각이지만, 내가 평소에 하지 못하던 이런 생각을 자주 하게 되었고, 그것만으로도 일상의 변화를 느낄 수 있었다. 물론, 아직 갈 길이 멀긴 하다.

저자인 엘리스 박사의 말대로, 사람은 타고난 본모습을 사랑하며 살아야 한다. 저자는 불안과 염려를 안고 사는 자신의 본모습이 마음에 든다고 했다. 역자인 내 경우는, 불안을 타고난 정도는 아니지만, 불안한 경향을 보이기 쉬운 기질을 몇 개 가졌을 뿐이라고 본다. 그리고 난 천성적으로 느긋하고 되도록 걱정을 안하고 살아야 맞는 것 같다. 그런 사람이 너무 이런저런 걱정을 많이 하고 살았더니 그만 '원만하면서 불안한 사람'이자 '쓸데없는 고민이 많은 사람'이 된 것 같다. 이제 조금씩 걱정을 내려놓고 편하게 사는 법을 터득하고 있으니, 앞으로는 더 좋아질 것으로 기대한다.

이상으로 엘리스 박사의 《불안을 다스리는 도구상자》를 대한민국에서 가장 먼저 우리말로 읽은 이로서 작성한 짧은 후기를 마칠까 한다. 마지막으로 나와 전혀 연관이 없어 보이던 책을 즐겁게 번역할 심리적 계기를 마련해준 사랑하는 딸에게 감사인사를 전한다.

정연우

1 "Fact & Statistics."

2 Butler et al., "The Empirical Status of Cognitive-Behavioral Therapy"; Hofmann and Smits, "Cognitive-Behavioral Therapy for Adult Anxiety Disorders"; Tolin, "Is Cognitive-Behavioral Therapy More Effective Than Other Therapies?"

3 Norem and Chang, "The Positive Psychology of Negative Thinking."

4 Kotov et al., "Linking 'Big' Personality Traits to Anxiety."

5 Aron and Aron, "Sensory-Processing Sensitivity."

6 일레인 N 아론 지음, 노혜숙 옮김, 《타인보다 더 민감한 사람(The Highly Sensitive Person)》, 웅진 지식하우스, 2011.

7 하이디 그랜트 할버슨, 토리 히긴스 지음, 강유리 옮김, 《어떻게 의욕을 끌어낼 것인가(Focus)》, 한국경제신문사, 2014.

8 "Big Five Personality Traits."

9 Markman, "The Upside and Downside of Being Nice at Work."

10 Fry and Debars, "Perfectionism and the Five-Factor Personality Traits."

11 Harvey, "A Cognitive Model of Insomnia."

12 가이 윈치 지음, 임지원 옮김,《아프지 않다는 거짓말(Emotional First Aid)》, 문학동네, 2015.

13 McGonigal, "How to Make Stress Your Friend."

14 Tafarodi and Swann, "Self-Liking and Self-Competence as Dimensions of Global Self-Esteem."

15 Dugas, Gosselin, and Ladouceur, "Intolerance of Uncertainty and Worry."

16 Markman, "Changing Habits Beautifully."

17 캐롤 드웩 지음, 정명진 옮김,《성공의 새로운 심리학(Mindset)》, 부글북스, 2011.

18 Gollwitzer and Brandstatter, "Implementation Intentions and Effective Goal Pursuit."

19 간헐적 강화 "Intermittent Reinforcement."

20 Kramer, Guillory, and Hancock, "Experimental Evidence of Massive-Scale Emotional Contagion through Social Networks."

21 인지욕구 "Need for Cognition."

22 Edwards, Rapee, and Franklin, "Postevent Rumination and Recall Bias for a Social Performance Event in High and Low Socially Anxious Individuals."

23 Wells, Metacognitive Therapy for Anxiety and Depression.《불안장애와 우울증 치료를 위한 초인지 치료법》.

24 Lyubomirsky et al., "Ruminative Response Styles and Delay of Seeking Diagnosis for Breast Cancer Symptoms."

25 McGonigal, "Does Self-Compassion or Criticism Motivate Self Improvement?"

26 Breines and Chen, "Self-Compassion Increases Self-Improvement Motivation."

27 McKay, Fanning, and Ona, Mind and Emotions.《마음과 감정들》.

28 주디스 백 외 지음, 최영희 외 옮김,《인지치료:이론과 실제(Cognitive Behavior Therapy)》, 하나의학사, 1997.

29 김정호(2004), 〈마음챙김이란 무엇인가〉,《한국심리학회지 건강》 2004년 9권 2호 참조.

30 Hofmann et al., "The Effect of Mindfulness-Based Therapy on Anxiety and Depression."

31 Boyes, "5 Meditation Tips for Beginners."

32 Iyengar and Lepper, "When Choice Is Demotivating."

33 Egan, Wade, and Shafran, "Perfectionism as a Transdiagnostic Process."

34 Young 외 공저, 권석만 외 옮김,《심리도식치료(Schema Therapy)》, 학지사, 2005.

35 Shafran, Cooper, and Fairburn, "Clinical Perfectionism."

36 Elliott and Dweck, "Goals."

37 Mayer, McCormick, and Strong, "Mood-Congruent Memory and Natural Mood."

38 아트 마크먼 지음, 박상진 옮김,《스마트 싱킹(Smart Thinking)》, 진성북스, 2012.

39 Bernhard, "4 Tips for Slowing Down to Reduce Stress."

40 Vohs et al., "Making Choices Impairs Subsequent Self-Control."

41 Rapee and Lim, "Discrepancy between Self- and Observer Ratings of Performance in Social Phobics."

42 Boyes and Fletcher, "Metaperceptions of Bias in Intimate Relationships."

43 Derrick, "Energized by Television."

44 Smith and Sarason, "Social Anxiety and the Evaluation of Negative Interpersonal Feedback."

45 Barrett et al., "Family Enhancement of Cognitive Style in Anxious and Aggressive Children."

46 Linehan, Skills Training Manual for Treating Borderline Personality Disorder.《경계선 인격장애치료 기술 훈련 매뉴얼》.

47 Aldao, Nolen-Hoeksema, and Schweizer, "Emotion-Regulation Strategies across Psychopathology."

48 Holahan et al., "Stress Generation, Avoidance Coping, and Depressive Symptoms."

49 존 고트맨, 낸 실버 지음, 임주현 옮김, 《행복한 부부 이혼하는 부부(The Seven Principles for Making Marriage Work)》, 문학사상사, 2002.

50 Leith and Baumeister, "Empathy, Shame, Guilt, and Narratives oflnterpersonal Conflicts"; Baumeister, Stillwell, and Heatherton, "Guilt."

51 Brown, "Listening to Shame."

52 Glenn et al., "Who Gets the Most out of Cognitive Behavioral Therapy for Anxiety Disorders?"

53 Feske and Chambless, "Cognitive Behavioral Versus Exposure Only Treatment for Social Phobia."

54 데이비드 알렌 지음, 공병호 옮김, 《끝도 없는 일 깔끔하게 해치우기(Getting Things Done)》, 21세기북스, 2011.

55 See "Undo Sending Your Mail," support.google.com/mail/answer/1284885?hl=en.

56 Boyes, "7 Ways You Can Benefit from Procrastinating."

57 Rethorst, Wipfli, and Landers, "The Antidepressive Effects of Exercise."

58 Holt-Lunstad, Birmingham, and Light, "Influence of a 'Warm Touch.'"

59 See "Test How Self-Compassionate You Are," self-compassion.org/test-your-self-compassion-level.html.

60 Rogge, "Panic Disorder."

61 Linehan, Bohus, and Lynch, "Dialectical Behavior Therapy for Pervasive Emotion Dysregulation."

62 Linehan, Skills Training Manual for Treating Borderline Personality Disorder. 《경계선 인격장애치료 기술 훈련 매뉴얼》.

63 Masuda et al., "Cognitive Defusion and Self-Relevant Negative Thoughts."

64 Arch et al., "Randomized Clinical Trial of Cognitive Behavioral Therapy

불안을 다스리는 도구상자

(CBT) Versus Acceptance and Commitment Therapy (ACT) for Mixed Anxiety Disorders."

65 Gould, Ott, and Pollack, "A Meta-Analysis ofTreatment Outcome for Panic Disorder."

66 "Coping with Physical Alarms"; "Panic Stations."

67 Rashid and Anjum, "340 Ways to Use VIA Character Strengths."

68 Padesky, "Schema Change Processes in Cognitive Therapy."

69 제프리 E. 영, 자넷 S. 클로스코 지음, 최영민 외 옮김, 《새로운 나를 여는 열쇠 (Reinventing Your Life)》, 열음사, 2009.

70 Murray, Holmes, and Griffin, "The Self-Fulfilling Nature of Positive Illusions in Romantic Relationships."

THE ANXIETY TOOLKIT

Copyright © 2015 by Alice Boyes

Korean translation rights © 2017 by Hanmunhwa Multimedia
All rights reserved including the right of reproduction in whole or in part in any form.
This edition published by arrangement with Perigee, an imprint of Penguin Publishing Group a
division of Penguin Random House LLC through Shinwon Agency

이 책의 한국어판 저작권은 신원에이전시를 통한
Perigee와 독점 계약한 (주)한문화멀티미디어에 있습니다.
저작권법에 따라 한국 내에서 보호를 받는 저작물이므로 무단전재와 복제를 금합니다.

초판 1쇄 인쇄 2017년(단기 4350년) 5월 4일
초판 1쇄 발행 2017년(단기 4350년) 5월 11일

지은이 | 엘리스 보이스
옮긴이 | 정연우
펴낸이 | 심정숙
펴낸곳 | ㈜ 한문화멀티미디어
등록 | 1990. 11. 28. 제21-209호
주소 | 서울시 강남구 봉은사로 317 논현빌딩 6층(06103)
전화 | 영업부 2016-3500 편집부 2016-3507
홈페이지 | http://www.hanmunhwa.com

편집 | 이미향 강정화 최연실 진정근
디자인 제작 | 이정희 목수정
경영 | 강윤정 권은주
홍보 | 박진양 조애리
영업 | 윤정호 조동희
물류 | 박경수

만든 사람들
책임 편집 | 눈씨noonssi.blog.me 디자인&일러스트 | 풀밭의 여치srladu.blog.me
인쇄 | 천일문화사

ISBN 978-89-5699-314-0 03180